NOTICE

SUR SAINT-DONAT

SOUVENIRS HISTORIQUES

NOTICE

SUR

SAINT-DONAT

(DRÔME)

PAR LÉON GONTIER.

> « L histoire est le tré or de la vie l um ine
> — Imaginez en qu l e l orreur de ténèbres
> et q'uelle fondrière d ignorance bestiale et
> pestile ite nous serions abysn ez si la so i
> ve ance de tout ce qui s est faict ou est
> advenu, ava t que nous fussions nez,
> estait e it érement abolie ci estej ite »
>
> (AMYOT)

VALENCE,

IMPRIMERIE DE MARC AUREL, ÉDITEUR

9 rue de l Université, 9

1857

A M. EUGÈNE BODIN

Nec peregrinam sanè mercem offero, — quas tibi à teneris commendatas, semper habuisti in deliciis

(LEON GONTIER)

Je ne puis livrer cet Ouvrage au public, sans adresser des remercîments à M Lacroix, instituteur à Hauterives, dont la bienveillance tout amicale et la connaissance approfondie de nos chroniques, m ont soutenu dans mes travaux

NOTICE SUR SAINT-DONAT

Par LÉON GONTIER

Quand chaque jour un souvenir s'éteint, une légende pieuse s'enfuit et disparaît sur l'aile des années, — quand partout le marteau du démolisseur frappe et pulvérise jusqu'aux derniers vestiges de ces monuments qui nous parlent d'autrefois, l'homme, rêvant à son pays, reporte avec amour son regard en arrière pour interroger le passé sur cette terre où gisent ses aïeux, ou fût mis son berceau, où il dormira demain !

Dans cette vieille terre du Dauphiné, où la liberté, indigène et vivace comme les mélèzes de ses montagnes, inspira à nos pères un courage qui étonna César lui même, on rencontre encore — comme une épave oubliée par le temps — tantôt un village ignoré, offrant à l'artiste et au savant des sites variés, des scènes solennelles, des ruines imposantes, tantôt un temple que les rigueurs de la conquête et les violences de la guerre ont presque renversé, — parfois, c'est un mausolée antique ou un noble castel, aux remparts démantelés, dont l'aspect nous étonne encore !

N'est il pas alors du devoir de l'historien, du biographe, de quiconque enfin peut dérober quelques instants à des études plus sérieuses, de tirer de l'oubli, de conserver les chroniques et les légendes enfouies sous des ruines ?

Sans les témoignages de tous les monuments épars sur notre sol, et qui sont parvenus jusqu'à nous comme un héritage des siècles, combien d'antiques usages, combien de mémorables évènements seraient restés ignorés ou incompris — Quelques fragments, un temple, une colonne, un débris de sculpture, épargnés par les âges, servent souvent à marquer la physionomie de toute une phase de la civilisation, à renouer la chaîne des traditions interrompue par le silence des historiens ou la perte de leurs écrits

« Un homme qui ne se croit pas tombé du ciel, dit Fré-
» déric II, qui ne date pas le monde du jour de sa naissance,
» doit être curieux d'apprendre ce qui s'est passé dans tous les
» temps et dans tous les pays — Si son indifférence ne prend
» aucune part aux destinées de tant de grandes nations qui ont
été les jouets de la fortune, du moins s'intéressera-t-il à
» à l'histoire du pays qu'il habite, et verra-t-il avec plaisir les
» évènements auxquels ses ancêtres ont participé »

Contribuer à répandre le goût de ces études d'art et d'histoire ; — éclairer et accroître l'intérêt de mes concitoyens, tel
est le plan que je me suis tracé

Ce que j'offre à mes lecteurs ce sont des souvenirs d'autrefois, péniblement et laborieusement glanés dans les chroniques, les chartes et terriers qui me sont tombés sous les yeux

Une torche à la main, j'ai voulu parcourir ces catacombes de l'histoire et rapporter, au moins, pour prix de mes travaux, à mes sandales de pèlerin, un peu de la poussière de dix siècles !

La flamme du flambeau a, sans doute, trop souvent vacillé dans ma route, et bien des choses précieuses seront restées dans l'oubli

Je froid glacial de la tombe et le ver du sépulcre m'ont épouvanté, et, voyageur d'un jour, sans boussole et sans guide, je suis venu, confiant dans la bonne foi de mes vingt ans et dans l'indulgence du lecteur bénévole, déposer, sous le toit de mon enfance et de mes pères, les souvenirs que j'ai recueillis dans mon pèlerinage d'historien '

I.

L'ancien site de Saint-Donat était, comme tous les pays qui sortent des mains de la nature, un vallon marécageux, souvent inondé par les eaux de l'Herbasse, sans chemins, sans culture

Couverte de forêts, sillonnée par des torrents et des ravines, cette solitude, placée à deux heues de distance de l'Isère, au midi, et du Rhône, au couchant, était parsemée, de loin en loin, de chétives cabanes mêlées aux repaires des bêtes féroces qui disputaient aux hommes les animaux timides dont ils faisaient leur nourriture

C'est dans la profondeur de ces forêts que les Druides célébraient les affreux mystères de leur religion C est là qu'ils immolaient, avec une impassibilité de cannibale, des taureaux et même des hommes L'épouvantable silence de ces sanctuaires de barbarie n'était interrompu que par le croassement des corbeaux ou les gémissements des victimes (1)

C est alors que l'industrie, provoquée par les besoins, éclaircit les forêts, ouvrit à l'air une circulation libre qui déssécha les marais et apporta la salubrité, suspendit les vignes sur le penchant des côteaux et fit ondoyer les épis dans les plaines

Et lorsque le christianisme, ce dogme si consolant pour l'humanité, cet aigle divin qui commençait à déployer ses ailes, vint, au troisième siècle jeter ses semences fécondes dans cette partie de la Gaule, les habitants de Saint-Donat avaient déjà bâti des maisons, cultivé la terre, et rendu ce séjour plus agréable, sous le nom de Jovinzieu, que la révolution de 93 lui rendit pour la deuxième fois

Le Dauphiné qui avait fait partie de l'Allobrogie, sous les Gaulois, prit le nom de province Viennoise, sous les Romains, et devint ensuite, sous le nom de Bourgogne Viennoise, l'une des plus notables parties du royaume des Bourguignons A l'origine de la féodalité, la Bourgogne Viennoise, que le comte Boson souleva contre les faibles descendants de Charlemagne, se divisa en plusieurs seigneuries, réunies successivement par les comtes d'Albon en un seul état, connu, depuis, sous le nom de Dauphiné

Les Allobroges occupaient le pays compris entre le Rhône et l'Isère

Saint Donat formait, avec les cantons de Grand-Serres, Romans, Saint-Vallier et Tain, le district ou cité des Allobroges, dont Vienne était la capitale

(1) Marcell t i p 3

II,

La destinée féodale de Saint-Donat a été extrêmement variée
Après avoir dépendu des évêques de Grenoble, puis de son chapitre, du baron de Faucigny et d Humbert II, la terre de Saint-
Donat entra dans la maison de Salluces, alliée à celle des Dauphins

Saint-Donat, — *Castrum sancti Donati* — paraît être d origine romaine, d après l appellation que lui donnent des actes et
des diplômes du IX° siècle On lit dans un diplôme de Louis III,
dit l'Aveugle, fils de Boson, roi d Arles et de Provence   « *Est
» autem ipsa Ecclesia (sancti Donati) sita in comitatu Vien-
» nensi, in vico Jovinziaço.* » Ce diplôme est du 11 août 893
Mais il faut remarquer que ces mêmes documents nous appren-
nent que, vers ce temps, un nom chrétien avait remplacé la
dénomination païenne Une église était déjà consacrée à saint
Donat. Le bourg a conservé, dès-lors, le nom du saint patron

Des antiquaires ont prétendu qu un temple, dédié à Jupiter,
a donné à ce bourg la dénomination de *Vicus Jovinziacus*, ou
bourg de Jovinzieu

Les temples et les autels des faux-dieux, changés la plupart,
dans la suite, en chapelles de dévotions et de pèlerinages, sont
devenus, en divers endroits, l origine des villages et des bourgs
populeux De ce nombre se trouvent Saint Donat, Mercurol,
Montvendre, comme à la suite des invasions et des croisades, des
statues d Isis antiques, données aux églises où on les appelait
vierges noires, devinrent des objets de culte pour les nouveaux
chrétiens C est ainsi que la statue de la Vierge de l église du
Puy de-Dôme n était autre chose qu une Isis de basalte tenant
son fils Horus sur ses genoux, — le Valentinien qui ornait le
bâton cantoral de la sainte chapelle était, disait on, un Saint-
Louis , — l'apothéose de Germanicus était l enlèvement de Saint
Jean Baptiste dans le ciel , — et le superbe camée du cabinet
d antiquités de la bibliothèque royale, appelé l agate de Tibère,
qui représente les triomphes de ce prince et l apothéose d Auguste, avait été regardé comme la marche triomphale de Joseph

Saint Donat s appelait donc primitivement Jovinzieu, mais le
temple de Jupiter, dont on voyait anciennement les ruines, était

mal à propos attribué aux Druides parce que les Gaulois n'élevaient pas de temple

Les documents les plus anciens que nous transmette l'histoire sur Saint-Donat datent du sixième ou du septième siècle. Aimar du Rivail, le vétéran des historiens Dauphinois, nous apprend qu'il y a à Saint-Donat, ville du Dauphiné, des heures *matutinæ*, de la reine Brunehaut, sur le dos d'argent desquelles on lit cette inscription en l'honneur de Notre Seigneur Jésus Christ « La reine Brunehaut a fait cela, » *quò inde in hoc templo reposita est.* »

Chacun sait que la fille d'Athanalgide périt en 627 et qu'elle fut ensevelie chez les Eduens. Il me paraît donc difficile de traduire pour mes lecteurs le sens et la portée de ce fait que je ne cite que pour mémoire

Mais jusqu'au moment où le christianisme s'implanta dans les Gaules, l'histoire n'est qu'incertitude et obscurité. Les bourgs qui ont existé avant le moyen âge sont comme ensevelis dans la poussière des temps, et c'est à peine, comme on l'a dit avec raison, si les chroniques commencent à jeter un peu de lumière sur la nouvelle période qui s'ouvre à l'établissement de l'empire de Charlemagne

Avant le christianisme il y avait des familles humaines ; il n'y avait pas de genre humain. L'empire d'Assyrie expirait vers le temps où Rome venait de naître, ne se doutant pas de cette grande destinée qui s'achevait à cette heure en Orient

Hérodote ne connaissait point l'existence de Rome, — Coriolan n'avait jamais entendu parler de son contemporain Thémistocle. Le monde étant ainsi fractionné, l'histoire ne pouvait s'élever à la pensée de l'unité humaine. L'histoire universelle était impossible avant le christianisme

Depuis même le moyen-âge, cette période, qui date du démembrement de l'empire d'Occident par les nations germaniques et qui ne se termine que 1058 ans après, présente une bien grande complication de faits qu'il semble difficile de caractériser

C'est alors seulement, qu'à proprement parler, au point de vue historique, un nouvel ordre de choses commence pour l'homme, et cet ordre de choses, lancé comme du haut du ciel par une main toute puissante, après avoir régénéré les peuples corrompus, adoucit et civilise les peuples barbares

Les esclaves ne sont déjà plus ces bêtes de somme auxquelles Homère et Platon n'avaient accordé que la moitié de l'ame humaine. Le christianisme, éclairant l'horizon encore brumeux, fait, d'un ramas de brutes, de nombreuses familles intelligentes et économes

III

Nous entrons donc sans transition dans une période fertile en événements qui, rapportés par les uns, niés par les autres, ont donné lieu, de nos jours, à une espèce de tournoi littéraire, où plus d'un écrivain est venu rompre sa lance

En attendant qu'un historien plus habile ou plus heureux tranche le nœud gordien qui enlace la vérité, je vais me contenter de raconter les faits en les faisant suivre de quelques réflexions qui me sont inspirées par la lecture d'un ouvrage inédit dont je parlerai en temps et lieu

D'ailleurs, on ne crée point les événements de l'histoire, et, lorsqu'on les reproduit dans l'intérêt de la science il faut bien répéter ce que d'autres ont dit avant nous, sauf à rendre à chacun ce qui lui appartient

La plupart des historiens du Dauphiné, Chorier, Martin, Delacroix, Gras du Villard, Aimar du Rivail, Dochier l'avaient, etc, attestent que Corbus, vingtième évêque de Grenoble forcé par l'invasion des Sarazins d'Afrique de fuir avec son clergé, se réfugia à Jovinzieu, emportant avec lui les reliques de saint Donat, — Qu'il fit bâtir, sur les débris du temple de Jupiter, un palais qui fut appelé le château et une église dédiée au Saint dont le bourg prit le nom, — qu'il forma un chapitre, — dota les chanoines; — établit une paroisse — et exerça toutes les fonctions de l'épiscopat

D'après Martin — qui a copié maladroitement Chalvet — les Maures, pénétrant en France vers le milieu du septième siècle, auraient ravagé Jovinzieu et les églises du voisinage, en montant vers Auxerre, d'où Charles Martel les chassa et les poursuivit jusque dans Avignon

Une partie de ces fugitifs, détachée de la bande en déroute, courut mettre le feu à Grenoble Austoricus, évêque de cette ville, à la nouvelle de l'approche des barbares serait parti en hâte avec son clergé et se serait retiré dans Jovinzieu emportant entr'autres reliques celles de saint Donat, que les habitants de Sisteron lui avaient confiées dans la crainte des Maures

Austoricus et sa suite, réfugiés à Jovinzieux se seraient acquis la propriété de ce bourg par la possession centenaire, ils étaient

déjà possesseurs du comté de Salmorenc lorsque, en 879, l'é-
vêque Isaac reçut de Boson le bourg de Saint-Donat avec l exer-
cice de prélature et de régale

Mais voici quelques savants parmi lesquels on compte au premier rang, MM. Reinaud, de l Institut, dont la connaissance
approfondie des dialectes orientaux lui a permis de fouiller parmi
les monuments historiques des écrivains arabes et d y puiser
d importantes révélations, Jules Ollivier, érudit et laborieux,
dont la mort prématurée a laissé un grand vide dans l histoire de
nos annales, et Pilot, auteur de l histoire de Grenoble, qui,
dans des travaux qui révèlent une grande sagacité et beaucoup
de talent, battent en brèche l autorité des vieux chroniqueurs
et cherchent à prouver que si les Sarrazins ont envahi le Dauphiné, c est à une époque bien postérieure à celle fixée par les
anciens M Pilot est allé plus loin il considère comme un
mythe la prétendue émigration des évêques de Grenoble à Saint
Donat Il a reconnu, dit-il quelque part, qu antérieurement à
Isarn, Grenoble n était au pouvoir d aucun peuple infidèle et,
rejetant avec dédain l opinion judicieusement admise depuis
longtemps par ses contemporains que les mots Païens et Sarrazins, employés dans nos chroniques, sont partout rigoureusement
synonymes, il s est lancé dans une dissertation qui va jusqu aux
nuages pour démontrer, à son tour, que ce sont des Hongres ou
Hongrois, taillés en pièces en 952 dans la Savoie qu ils forcèrent
Isarn à abandonner sa ville épiscopale et à chercher un asile à
Salmorenc plutôt qu à Saint-Donat

Je ne sais ce que l histoire a le plus à redouter ou des alté
rations propagées par l ignorance dans les traditions vulgaires,
ou de celles qu introduisent dans les livres les paradoxes de la
science En y réfléchissant bien, je crois que la vérité historique
a reçu de plus rudes atteintes des savants que des ignorants
J en demande pardon à M Pilot, mais je suis forcé de le prendre
pour exemple

Aimar du Rivail, il est vrai, se borne à raconter brievement les
victoires remportées par Charles Martel sur les Sarrazins

Chorier se borne à rappeler, d après saint Adon et Luitprand,
les deux expéditions que Charles-Martel fit en Provence contre
les Sarrazins, en 737 et en 739 Il rapporte aussi un passage
du cartulaire de saint Hugues dans lequel Guy, archeveque de
Vienne prétend qu un de ses prédécesseurs (Barnuinus) avait
cédé à l évêque Isarn l église de Saint Donat pendant l occupation
du diocèse de Grenoble par les Maures M Martin, en rappor
tant ce passage substitue au nom de l évêque Isarn celui de son
prédécesseur Isaac, mais le cartulaire original de saint Hugues
porte expressément le nom d Isarn

M Ducôin et M Delacroix ont adopté le système de Chorier sur le séjour des évêques de Grenoble à Saint-Donat, et le compilateur Gras du Villard prétend aussi, sans en fournir la preuve, que l'établissement des Sarrazins en Dauphiné dura pendant 300 ans Il adopte aussi le sentiment de Chorier sur la suite des évêques de Grenoble

L'annaliste de l'église de Vienne, Charvet, prétend que l'envahissement du diocèse de Vienne par les Sarrazins avait été prédit en 660, par Saint Clair, abbé de Saint Marcel Il se fonde sur la prophétie que les légendaires de Saint Clair lui attribuent et dont la version se trouve à la page 135 de l'histoire de l'église de Vienne

Valbonnays place l'expulsion des Sarrazins de Grenoble par Isarn sous l'année 965, tandis que Chorier la fixe à l'année 967 M, Reinaud a adopté la leçon de Valbonnays

Jules Ollivier, dans une lettre à M Reinaud insérée dans la Revue du Dauphiné de mai 1837, détruit de la manière la plus complète l'opinion si étrange de M Pilot sur l'invasion des Hongrois, système que l'auteur d'une notice sur Grenoble, insérée dans l'album du Dauphiné, 1836 — pages 51 et suiv — ne craint pas d'adopter, et sans entrer dans un examen plus approfondi de cette importante question historique, il déclare qu'il est établi d'une manière *irréfutable*

Enfin, M Berger de Xivrey prenant au bond la balle lancée par M Ollivier, a réfuté victorieusement, d'une logique sûre et droite, ce fameux système *irréfutable*

Je ne puis entrer, ici, dans des considérations qui m'entraîneraient trop loin Je dirai seulement que, pendant deux siècles et demi, les Arabes ont porté le fer et la flamme dans la province de Dauphiné Si l'on interroge la tradition, partout se révèlent les vestiges de l'occupation sarrazine, partout la crédulité populaire, conservant les préjugés que lui a transmis l'erreur des générations passées, retrouve les débris de cette ère barbare dans les objets les plus futiles et les plus étrangers à l'origine qu'on leur prête Il n'est pas plus petite commune qui n'ait un passage creusé dans le roc vif et qui ne s'appelle encore le *Pas du Turc*, une grotte qui n'ait conservé le nom de *Trou du Sarrazin*, un champ qu'elle n'appelle *la Sarrazinière*

En 734, Youssouf, gouverneur de Narbonne, de concert avec le duc Mauronte, passe le Rhône et s'empare d'Arles et d'Avignon Ce fut, sans doute, à cette même époque que les enfants de Mahomet firent de nouvelles incursions dans le Dauphiné Ils ravagèrent, dans le diocèse de Saint Paul-Trois Châteaux, le monastère de Donzère, et une interruption de 129 ans dans la chronologie des évêques de Vaison permet de croire que leurs dévastations, dans ce diocèse, furent sans bornes Valence tomba entre leurs mains, et les églises du diocèse de Vienne, sur l'une et l'autre rive du Rhône, furent, par eux, livrées aux flammes Saint Austrobert, archevêque de Vienne, fut contraint de fuir sa ville épiscopale Il se retira dans une terre qui lui appartenait, nommée *Julidac*, sur les bords de la Sève, et y mourut de douleur le 5 juin 736

« Il est impossible, dit M Ollivier, à l'aide des textes de nos » chroniques, conçus en termes vagues et généraux, de déter- » miner d'une manière précise les contrées qui furent successivement occupées par les Sarrazins, mais, en consultant la marche générale de leur conquête, il est permis de penser, d'après la nature des invasions des peuplades barbares, au moyen âge, que tout le Dauphiné fut envahi à cette époque »

Plus tard, ils eurent dessein d'étendre leurs possessions sur des plages plus heureuses, et, vers l'année 954, ils envahirent les fertiles plaines du Graisivaudan et s'emparèrent de Grenoble L'évêque Isarn, emportant les reliques des saints et les richesses de son église, se retira dans l'archidiaconné de Salmorenc, au prieuré de Saint Donat, que plusieurs diplômes des rois Boson et Louis avaient distrait du diocèse de Vienne, pour en faire cession à l'église de Grenoble

Mais enfin arriva le temps où les vaincus, reprenant courage, s'armèrent contre les envahisseurs

En 960, les Sarrazins, après une résistance désespérée, furent chassés du mont Saint Bernard (1), et cinq années après, la population de Graisivaudan se lève en masse, à la voix de son évêque, et chasse les infidèles

Isarn, après avoir expulsé les Sarrazins, se hâta de reconstruire l'église de Grenoble, et comme son diocèse avait été presque entièrement dépeuplé, il fit un appel aux étrangers, comme autre fois Romulus en fondant Rome, tant nobles que simples paysans, et leur distribua des châteaux et des terres, en se réservant néanmoins sur eux tous les droits de suzeraineté

Parmi les premiers qui répondirent à l'appel généreux du pontife, on peut citer Rodolphe, tige de la maison de Monteynard

Cet acte guerrier, de la part d'un prélat, n'était pas chose rare à cette époque Depuis fort longtemps, les évêques avaient donné l'exemple de l'association un peu bizarre de la crosse et de l'épée Grégoire de Tours raconte qu'ils se montraient à la guerre « non munis du signe céleste de la croix, mais armés comme des guerriers, le casque en tête, la cuirasse au dos

(1) RINALD, p 195

Isarn reportant à Grenoble le siège de son diocèse, laissa à
Saint-Donat, dit M Delacroix, un chapitre qui, après avoir été
indépendant, riche et nombreux, déclina sensiblement, au point
qu'il n'y avait plus, en 1790, que trois ou quatre chanoines dont
la collégiale était si pauvre, qu'ils vendirent, pour vivre, les
pierres d'une partie du cloître (1)

L'incertitude des faits ébranla, un instant, la religion des com-
pilateurs et des historiens, lorsqu'un monument lapidaire, découvert depuis peu d'années, vint confirmer la vérité des
observations de M Reinaud, et renverser les créations de
Chorier

Cette inscription, fort curieuse, qui se lit au dessus du porche
de l'église de Saint Donat, et que Martin a publiée dans son histoire chronologique, est ainsi conçue

Per Mauros habitanda Diu Granopolis, ista Lipsana Sanc-
torum præsul ab orbe tollit
Usta Jovinziaci Sibi rege palatia Dante,
Sanctum in Donatum vocere sede Noval

Un cartouche porte la date de LMIIII, c'est-à-dire 954,
date qui, rapprochée de l'inscription précédente, permet de
croire que c'est à cette époque qu'il faut déterminer la présence
des Sarrazins à Grenoble et la retraite des évêques de cette ville
à Saint-Donat, circonstance qui acquiert un grand caractère
d'évidence, lorsqu'on se rappelle qu'en 942, Hugues, comte de
Provence, à la suite de transactions politiques, permit aux Sarrazins de s'établir dans les Alpes Mais resterait la question de
savoir quel était, en 954, l'évêque qui occupait le siège de l'église
de Grenoble Or, un acte dans lequel intervient Isarn, évêque de
Grenoble, inscrit sous la date de la treizième année du règne de
Conrad le Pacifique, roi de la Bourgogne transjurane et de Provence, date qui correspond à l'année 950, prouve qu'Isarn était
revêtu de l'épiscopat antérieurement à l'invasion des Sarrazins,
en 954 Mais en admettant que cet acte ait été cité inexactement
par Chorier, dans son Etat politique, t. II, p 68, il résulte formellement du cartulaire manuscrit de l'église de Grenoble,
qu'Isarn fut sacré par Odilbertus, évêque de Valence, qui rem-
plaça, dans cette circonstance, son métropolitain, l'archevêque
de Vienne, Sobo, mort en 952 — *Cartulaire Mss de l'église*
de Grenoble, dont copie est déposée aux archives de cette
église — In-f°, n° 135 Passage rapporté aussi par Mabillon,

dans ses *Analectes*, t I, p 105, *et par Catellan, dans ses Anti-*
quites de l église de Valence, p 209

Ainsi, dans la pensée de MM Reinaud et Ollivier, c'est bien
Isarn qui, en 954, se réfugia à Saint Donat, pour échapper à la
fureur des Sarrazins M Martin il est vrai, fait remonter la retraite des évêques de Grenoble à Saint-Donat, à l évêque Austoricus, vers l année 742, mais c'est là un système qui n'est pas
sans invraisemblance Ajoutons enfin que dans le procès que
saint Hugues soutint contre Guy, archevêque de Vienne, et dont
je parlerai en temps et lieu, au sujet de la propriété de l archidia-
coné de Salmorenc, dont le prieuré de Saint-Donat faisait partie,
Guy avança qu'un de ses prédécesseurs, Barnuinus, avait cédé à
l évêque Isarn Salmorenc et Saint Donat, pendant le temps que
son diocèse serait occupé par les infidèles, prétention dont saint
Hugues démontra la fausseté en prouvant qu Isarn n était pas le
contemporain de Barnuinus, et que, d ailleurs l église de Greno
ble avait reçu antérieurement des rois Boson et Louis le prieuré
de Saint-Donat

Bien que l énonciation de Guy soit fausse à cet égard, elle
prouve cependant que c est bien sous le pontificat d Isarn qu'eût
lieu l occupation du diocèse de Grenoble par les Sarrazins (1)

Remarquons cependant que l inscription de Saint-Donat cons-
tate qu'en 954, l'église de Grenoble était occupée depuis long
temps par les Sarrazins par conséquent, il faudrait faire remonter
cet événement à une époque antérieure à l épiscopat d Isarn,
mais on prétend que cette objection n'est pas solide, si l'on considère que rien ne prouve que l inscription de Saint Donat ait été
faite en 954, tandis que si l on admet — Conjecture d ailleurs
fort plausible — qu elle ait été dressée postérieurement à cette
époque, en constatant que l invasion des Sarrazins avait eu lieu
en 954, elle a dû nécessairement énoncer que cette invasion
avait eu lieu depuis longtemps

IV.

Maintenant voici une autre version
Saint-Donat dût être saccagé par les Maures dans le huitième

(1) CHORIER, *État politique*, t II, p 77 — PLOT, *Hist de Grenoble*,
p 19 — *Album du Dauphiné*, 2ᵉ année, p 57, note

(1) Chorier, *Etat politique*, t II, p 77 — Plot, *H st de Grenoble*, p 19 — *Album du Dauphiné*, 2e année, p 57, t ble

siècle, lorsque, remontant le Rhône, ils dévastèrent Saint-Paul-Trois Chateaux

L'inscription que j'ai citée était suivie de ce vers

Chelseme an Gorgias la servit A G Allamant.

Ce qui fait dire à l'honorable M. Pilot qu'il serait possible que cette inscription fût l'ouvrage d'un prieur de la famille Alleman, nom qu'on trouve fréquemment écrit Allamant, et qui n'est pas étranger à Saint-Donat. L'évêque de Grenoble, Syboud Alleman, sortait de ce chapitre

O inconséquence des hommes! comment M. Pilot, qui révoque en doute l'émigration des évêques de Grenoble à Saint-Donat, peut-il convenir de l'existence d'un chapitre. Qui l'a créé ce chapitre? Evidemment ce n'est ni vous ni moi! J'aime à croire que cet aveu n'est qu'un malheureux *lapsus calami*

Les lettres A-G, sans doute les initiales de deux prénoms, précédant ce nom de famille, au bas de l'inscription, et la devise *Chelseme*, c'est-à-dire qu'il se plaît à la servir, en gorgias, en courtois, en galant homme, lui sembleraient en quelque sorte autoriser sa conjecture (1) Il invoque encore, comme une preuve d'un anachronisme évident, le blason sculpté — autrefois au dessous, — En ceci, il peut avoir raison, puisque l'usage du blason n'a guère commencé que dans le onzième siècle, — mais qui pourrait dire que ces armoiries n'ont pas été sculptées après coup?

Cet écusson portait les armes de Charlemagne, devise adoptée par les rois Boson et Louis

Le palais et l'église de Jovinzieu sont l'ouvrage de Boson. C'est lui qui, la dixième année de son règne — 888 — y fit transporter de Sisteron et d'Embrun les corps de saint Donat, de saint Vincent, de saint Oronce et de saint Victor; — C'est lui qui fit appeler Jovinzieu Saint-Donat et qui en fit don à l'église de Grenoble, en la personne de l'évêque Isaac; probablement pour le récompenser d'avoir travaillé avec zèle à son élection à l'assemblée de Mantaille

Cette libéralité eut, je crois, un autre motif si l'on remarque les raisons qui engagèrent Boson à donner, en 887, à l'évêque de Maurienne, *Asmonde*, son château d'Hermillon, situé sur les rives de l'Arc, dans le val de Maurienne

Les fréquentes irruptions des Sarrazins épouvantaient le

(1) Le cri de guerre des seigneurs de Salvaing, en Dauphiné, était : *A Salvaing le plus gorgias*; ce mot de gorgias ne signifiait pas anciennement courtois, galant homme, comme le veut M. Pilot, mais bien hardi, délibéré, ou richement arné et habillé

prélat Il espérait trouver dans Saint-Donat un asile éventuel et sûr contre la torche incendiaire de ces farouches sectaires

La charte de la donation des châteaux d'Hermillon porte *Ubi sit præsulis requies, ubi secunda sedes, ubi tempore belli tuta defensio, ubi librorum thesaurorumque munimen inexpugnabile*

Aimar du Rivail, qui possédait diverses terres non loin de Saint-Donat, a écrit, dans son histoire manuscrite des Allobroges, datée de 1583

Bozo in pago Jovinziaco ædem construxit et ædificavit, et inde decimo sui regni anno Sancti Donati à Sisternensi seu Sistaricensi territorio et divorum Vincentii, Oroncique et Victoris corpora à Civitate Ebredunensi, quarto nonas maias in id templum transtulit et territorium cùm juridictione ipsi templo jure perpetuo reliquit et donavit — Lib VI — Fᵒ 219, — Vᵒ —

Il rapporte, quelques pages après, que Louis, fils de Boson, confirma, en 894, la donation que son père avait faite de cette église et de ce bourg au diocèse de Grenoble

Cet acte de confirmation, imprimé dans plusieurs ouvrages, et dont il existe une copie du onzième siècle, dans un cartulaire des archives du diocèse de Grenoble, atteste qu'à cette époque, 894, l'église de Jovinzieu était déjà consacrée à Notre-Dame et à Saint-Donat — *Præceptum vel donum quod pius genitor noster Bozo rex fecerat de ecclesià Sanctæ Mariæ, Sancti Vincentii, Sive Sancti Donati, ubi Isaac præsse videtur, quapropter ego, etc*

Pour être juste, je dois dire qu'il existe une charte, rédigée du temps de saint Hugues et par son ordre, pour faire valoir ses droits sur l'église de Saint-Donat, que des seigneurs voisins avaient usurpée, sous Mallenus, l'un de ses prédécesseurs

Cet ancien bref de la coutume de Saint-Donat ne cite que quatre évêques qui avaient possédé cette église avant l'usurpation Isaac, Alcherius, Isarn et Humbert Le même acte ne fait aucune mention de la fuite d'Isarn à Saint-Donat, de la fondation de cette église par cet évêque, ni de sa longue résidence en ce lieu Il dit simplement qu'Isaac, Alcherius, Isarn et Humbert s'y rendaient de temps en temps pour l'ordination des clercs et la bénédiction du chrême Ce bref rappelle des chanoines, un cimetière, un hôtel des monnaies, le don du roi Boson et le consentement des gens du pays

On chantait à Jovinzieu l'hymne suivant, qui est la répétition presque littérale des deux distiques de l'inscription

Cum à Maurus habitanda diù Granopolis esset,
Lipsana sanctorum præsul habere cavet
Fertque Jovinziaco, pariter pro sede palatia regis
Sancti Donati nomine ritè sacrat

Cet hymne est également argué de faux par M. Pilot, qui n'a pas moins de défiance pour cette autre inscription où figure également Isarn, et qu'on lisait dans une salle de l'évêché de Grenoble, au-dessous d'un portrait de cet Evêque

« *Isarnus, qui est Isarius , Barnuino, Viennensi ar- chiepiscopo, obtinuit ecclesiam sancti Donati et Salmoracen sem ragum, ubi pontificalia liberè exerceret, donec ecclesiæ Gratianopolitanæ pax à vastatione redderetur et hæc ab anno 951, ad 976*

En résumé, M Pilot, hasardant une conjecture, prétend que cette inscription fut gravée lorsqu'on fit réparer l'ancienne église de Saint-Donat, dévastée par les protestants en 1561 et 1562, alors que six siècles avaient dénaturé les faits primitifs, qu'il n'était resté qu'un souvenir vague de suite et de pillage, et que les gens du pays confondaient, sous la dénomination générale de *Sarrazins*, les envahisseurs venus du midi et du nord

M Pilot s'est donc attaché à contester l'authenticité de ce monument où le mot *Mauros* contredit formellement son sys- tème hongrois

Mais, en vérité, il se montre par trop facile dans l'admission d'arguments très incomplets

Encore une observation et j'abandonne les Sarrazins à leur sort et la faconde inextinguible de leur éloquent défenseur

Sortis de la Tartarie vers le cinquième siècle, les Hongrois tendirent sans cesse à s'avancer en Europe, et, en 889, sous la conduite de leur roi Arpard, ils s'établirent dans les pays appe- lés depuis Hongrie Pendant cinquante ans ces barbares rava- gèrent toute l'Europe, envahissant, chaque année, l'Allemagne, l'Italie, la France, l'empire grec, et emmenant avec eux les richesses, les habitants et les troupeaux des pays dévastés C'est en 910 qu'ils envahirent la France pour la première fois, sous le règne de Charles le Simple, la Lorraine fut entièrement ravagée En 915, ils revinrent en Alsace, en Lorraine, en Bour- gogne ; en 924, dans la Provence et le Languedoc ; en 926, en Lorraine, en Champagne, en 935, en Bourgogne et dans le Lyonnais.

N'en déplaise donc à M Pilot, Saint-Donat peut disputer à Salmorenc l'honneur d'avoir donné asile aux évêques de Gre- noble

Chorier rapporte un acte passé en 950 et dans lequel Isarn intervint avec son titre d'évêque de Grenoble Sa retraite à Saint-Donat avec les reliques de son église est confirmée par une ancienne hymne du rituel du prieuré, qui rappelle cet événement en employant des termes de l'inscription

Le pouvoir temporel des évêques dura jusqu'à la révolution de 89, et l'origine en est très clairement prouvée par une charte de la fin du onzième siècle qui a été publiée par Chorier et reproduite par M Reinaud

Le témoignage de saint Hugues est consigné dans les pièces de son procès avec l'archevêque de Vienne L'occupation de Grenoble par les infidèles, sous l'épiscopat d'Isarn, s'y retrouve rappelée à plusieurs reprises

L'ouvrage manuscrit de Chalvet sur l'origine de l'église de Saint-Donat contient un grand nombre d'hymnes, de chants et de légendes que j'ai sous les yeux et que je regrette de ne pouvoir offrir à mes lecteurs comme un document précieux sur ce fait important

Bien que Chalvet lui-même fasse remonter à Austoricus la retraite des évêques de Grenoble à Saint-Donat, et qu'il ait écrit, pour en fournir la preuve, plus de 150 pages in-f°, il est difficile de se reconnaître dans cet entassement prodigieux de faits, de dates et de titres, et, selon moi, Chalvet, dans cette partie de son travail, est plein de beaux commérages

En présence de tant de contradictions, il est difficile de se prononcer, surtout quand des hommes de la valeur de MM Reinaud et Ollivier, très versés dans la science de nos annales, ont clairement manifesté une opinion contraire à celle de leurs devanciers

Cependant, je l'avoue, il me paraît étrange que Chalvet qui a possédé toutes les pièces relatives à l'origine de l'église de Saint Donat, ait parlé d'Austoricus avec l'autorité d'un homme convaincu de ce qu'il avance

Peut-être n'a-t-il fait que copier Chorier et les historiens de l'époque, sans remonter à la source des événements Peu être aussi s'est-il laissé entraîner par le merveilleux et par une certaine gloriole de donner de l'éclat à une église dont il était chanoine

N'importe, s'il est difficile de déterminer l'époque de cette retraite, on peut affirmer, titres en main, que les évêques de Grenoble cherchèrent un refuge à Saint Donat, à l'approche des Sarrazins; qu'ils y fondèrent un chapitre, qu'ils devinrent seigneurs de Saint-Donat et d'autres lieux circonvoisins, et qu'ils ne rentrèrent dans Grenoble qu'après la croisade entreprise et si heureusement exécutée par Isarn, en 965,

---

V.

Sans embrasser l'opinion de personne, il ne sera peut-être pas sans intérêt de dire un mot, en passant, sur chacun des prélats qui, depuis Corbus jusqu'à Isarn, ont occupé le siége épiscopal de Grenoble

Voici d'abord Corbus — Leopertus — Ardincus — Adolardus — Radoldus — Supertus — et Ebroaldus dont les noms seuls sont parvenus jusqu'à nous

— Adalulphus, qui souscrivit avec vingt évêques à l'édit de Vorms, en 840, par lequel Lothaire rétablit sur le siége de Rheims l'archevêque Ebbo ou Ebbon qui avait été condamné pour cause de conspiration contre Louis-le-Pieux, son frère de lait

— Hébo, neveu de l'archevêque de Rheims, fut d'abord moine et abbé de Saint-Rémi Il assista aussi, en 853, dans le château de Salmorenc, à l'une de ces assemblées appelées *Placita*, lesquelles étaient spécialement convoquées pour traiter des affaires de la province et y rendre la justice — Il se distingua entre tous les prélats que réunit, en 855, dans l'église de Saint-Jean, le concile de Valence Il en rédigea les canons et fut chargé, par l'empereur Lothaire, de les porter au roi Charles le Chauve Il assista au concile de Langres, en 859, et à celui de Tousil, diocèse de Toul, en 860.

— Bernaire ou Bernier fut sacré en 853, par saint Adon, archevêque de Vienne, sur la proposition de Lothaire et de l'empereur Louis II. Il avait été, d'abord, diacre de Rémi, archevêque de Lyon, et ensuite chapelain du roi Lothaire.

En ce temps-là plusieurs conciles réunirent les évêques, Bernaire se distingua à l'assemblée de Ponthion, en 689; — de Troyes, en 878 — et de Mantaille, en 879, où Boson fut élu roi de Bourgogne

Bernaire ayant des difficultés avec le prédécesseur d'Ammonde, Adalbert, celui-ci vint à Grenoble, accompagné de gens armés, et, profitant du moment où Bernaire, avec ses chanoines, chantait les offices de matines, il entra, sans respect, dans le sanctuaire, maltraita le pontife et le fit enlever de force par sa troupe.

Instruit et affligé d'un pareil scandale, le pape Jean VIII cita

Adalbert à comparaitre à Rome, afin d'y rendre compte de sa conduite insensée et d'y subir le châtiment qu'il méritait Mais bientôt la mort du pape suspendit l'effet de cette citation

— Isaac assista, en 892 première année de son épiscopat, au concile de Vienne, assemblé par ordre du pape Formose, et à celui de Châlons-sur-Saône, en 894 Cette année là, comme je l'ai dit déjà, Louis, fils de Boson, confirma en sa faveur et sur la demande de la reine Hermengarde, sa mère, le don que feu le roi, son père, avait fait à l'église de Grenoble, de l'église de Sainte-Marie ou de Saint Donat Ce diplôme confirmatif est le plus ancien monument paléographique qui ait conféré la propriété du bourg de Saint Donat aux évêques de Grenoble Il est à la date du 11 août 893 — C'est la vingt-septième pièce du premier cartulaire de saint Hugues

Le même évêque fut l'un des prélats assemblés à Varennes, en 898,

— Alchérius, qui souscrivit au concile de Trévoux, en 944

— Enfin, Isarn dont j'ai déjà parlé

VI,

Le 10 avril 879, au moment où la féodalité venait de s'établir en France, sous le règne de Charles le Chauve, Louis le-Bègue, à peine monté sur le trône, rendait le dernier soupir à l'époque fatale où les Sarrazins repassaient en Provence et qu'ils commençaient d'envahir l'Italie L'Europe offrait le spectacle navrant d'un vaste champ de brigandage où les droits de propriété étaient foulés aux pieds

C'est dans ces circonstances difficiles que Boson, allié à la famille de Charles-le-Grand par son mariage avec Ermengarde, fille de l'empereur Louis II, leva l'étendard de la révolte,

Soutenu d'un parti puissant que lui avait ménagé les conseils et les intrigues de cette autre Tullie, il fut élu roi, le 15 octobre 879, dans une assemblée d'évêques et de seigneurs tenue dans ce château de Mantaille qu'avait habité naguères, Charles, le plus jeune des fils de l'empereur Lothaire, et dont la crédulité populaire devait, quelques siècles plus tard, faire la résidence du terrible Barbe Bleue, cet Henri VIII en miniature

Ce fut à cette époque, ainsi que nous l'avons déjà écrit, que Boson concéda le bourg de Saint-Donat et ses dépendances à l'évêque, qui lui avait accordé son suffrage au concile de Mantaille. Dès-lors, Saint-Donat acquit plus de consistance. Un tribunal fut institué pour rendre la justice, d'autres établissements s'élevèrent de toutes parts, et l'enceinte de la ville fut entourée d'une double enceinte de remparts, dont on voit encore les dernières ruines et qui faisaient de ce bourg une espèce de place forte.

La donation faite aux évêques de Grenoble était trop importante pour ne pas donner naissance aux convoitises rivales et soulever les prétentions des archevêques de Vienne.

En effet, vers l'année 1090, Guy de Bourgogne disputa vivement à saint Hugues la possession du comté de Salmorenc.

Saint Hugues exerçait, avec une bienveillance toute paternelle, sa paisible juridiction sur les églises du comté, et, en particulier, sur celle de Saint-Donat où un petit chapitre, composé d'un prieur et de quatre chanoines, était souvent vexé par les seigneurs d'alentour qui prélevaient sur lui des impôts excessifs. Il n'en fallait pas davantage, dans ce temps où la simonie était presque la seule vertu de la plupart des prêtres, pour que Guy de Bourgogne, feignant d'oublier que saint Hugues était le possesseur légitime de Saint-Donat et de son territoire, ne cherchât à s'emparer de ce beau fleuron de sa couronne, malgré les réclamations du prélat dépossédé qui finit par obtenir une entrevue, fixée à Romans, où Gontard, évêque de Valence, et Guy de Genève devaient accompagner l'archevêque de Vienne, et Pontinus de Bellev et Landric de Mâcon, le prélat menacé.

Des actes et des témoins prouvèrent aux pontifes rassemblés que depuis plus d'un siècle l'église de Saint-Donat dépendait des évêques de Grenoble. Le successeur de Varmond, Gontard, se contenta d'avancer que dans le temps où l'église était désolée par les Sarrazins, les évêques avaient reçu du siège de Vienne, le prieuré de Saint-Donat et les églises et chapelles du comté par une cession temporaire.

Mais ces simples allégations échouèrent devant les preuves authentiques qui établissaient l'immémoriale possession des prédécesseurs de saint Hugues. Alors Guy, prévoyant la sentence des juges qu'il avait choisis lui-même, refusa obstinément leur médiation ; il fit plus. Il résolut d'usurper ce qu'il ne pouvait obtenir par la persuasion.

Il envoya donc à Saint-Donat une troupe de gens d'armes placés sous ses ordres. Hugues de Grenoble porta l'affaire au tribunal du légat, Hugues de Die, placé sur le siége de Lyon Les parties belligérantes comparurent à Baou, mais là, comme à Romans, le spoliateur subit la honte d'être confondu et condamné

L'archevêque de Lyon confirma, au bénéfice de son suffragant de Grenoble, l'investiture des droits débattus, déclarant qu'il prononcerait d'une manière définitive sur la plainte touchant l'occupation de Saint-Donat, dans le premier concile national

Guy refusa, une fois encore, de s'incliner devant cette décision Un envoyé secret partit, en hâte, pour la ville éternelle, afin de solliciter la sanction suprême des droits dont il se prétendait possesseur Ce député, triomphant dans sa démarche, rapporta l'ordre exprès de faire comprendre Saint-Donat et le comté de Salmorenc au nombre des terres possédées par son maître

Urbain II, indignement circonvenu, révoqua, peu de temps après, sur les instances et les révélations de son légat, le bref qu'il avait accordé Mais cette fois encore, l'archevêque obstiné ne se tint pas pour battu Il temporisa avec le Saint-Père, alors en guerre avec Henri II et l'anti-pape Guibert, et, en savant politique, il parvint à faire mander les parties intéressées au concile qui se tint à Autun

Sous son froc de moine, le pontife viennois voilait l'astuce et le mensonge Au sein de l'auguste assemblée, il produisit, en sa faveur, un titre de propriété, plus péremptoire que la tradition Cet acte, qu'un impudent faussaire, le moine Sigibod de Saint-Rambert, avait fabriqué, portait, entr'autres choses, que Barnum, archevêque de Vienne, avait naguère donné à l'évêque Isarn le comté de Salmorenc et l'église de Saint-Donat, jusqu'au moment où son diocèse, envahi par les barbares, lui serait restitué

Saint Hugues parut au Concile le front calme et l'air souriant, comme un homme dont la pensée toute de justice, se repose sur son droit incontestablement acquis Il invoqua, en sa faveur, la possession plus que centenaire que des titres établissaient Mais Guy, prenant la parole, osa flétrir, de sa trompeuse éloquence, les prétentions de son compétiteur, et il annonça, d'un air insultant, qu'il allait produire un acte régulier qui lui assurait ses prétentions sur la terre de Salmorenc

« Je fus saisi de surprise et de crainte, dit saint Hugues, dans
» le récit qu'il a laissé de cette affaire, à l'annonce d'un acte dont
» il était question pour la première fois, et je ne savais que penser, quand j'en entendis la lecture Mais je respirai enfin,
» lorsque je vins à m'apercevoir qu'on me rendait victime d'une
» indigne supercherie Je demandai que ce titre suspect fût dé-

» posé entre les mains du légat, et j'en démontrai la fausseté,
» Barnuln, qui n'avait jamais été le contemporain d'Isarn,
» n'ayant pu lui faire aucune donation, — en outre, je fournis
» la preuve qu'Alcher, prédécesseur d'Isarn, avait possédé l'église
» de Saint-Donat, et j'en tirai la conséquence que le comté de
» Salmorenc avait été donné à l'évêché de Grenoble par le roi
» Boson, ou par le roi Louis, son fils »

Saint Hugues ne connaissait pas, sans doute, la donation du
comté et de l'église de Saint Donat, faite à Bernier, par le roi
Boson ; mais, plus tard, il retrouva un acte de Louis, daté de
894, qui confirmait la libéralité de son père Enfin, Sigibod,
à son lit de mort, l'ayant fait appeler, lui confessa publiquement
son crime

Guy de Bourgogne, un peu déconcerté par la puissance des
arguments de saint Hugues, et voulant jouer, jusqu'à la fin, le
rôle de Tartufe dont il s'était si admirablement affublé depuis le
commencement de ce procès, annonça qu'il anéantirait, sur-le-
champ, la charte qu'il venait de produire Les pères du concile
essayèrent en vain de rétablir la paix entre les deux pontifes,
car bientôt l'archevêque de Vienne exhiba, pour la seconde fois,
le bref qu'il avait surpris à la bonne foi d'Urbain II, et s'en pré-
valut pour légitimer son usurpation Le légat, outragé dans son
honneur et dans son autorité méconnue, insista et joignit la me-
nace à l'instance L'archevêque demanda un sursis de quelques
jours, afin de pouvoir consulter son chapitre

Cependant le pape assemblait un synode à Plaisance Saint
Hugues, voulant profiter de cette circonstance solennelle pour
faire décider de ses droits vis-à-vis de son métropolitain, se dirigea vers les Alpes qu'il franchit, mais l'usurpateur, dans la
crainte de se voir publiquement humilié par des hommes véné-
rables, s'achemina aussi vers les Alpes, et il rencontra saint
Hugues au village de Saint Ambroise, en Lombardie Il lui fit
de belles promesses, manifestant un repentir dont l'évêque fut
touché Le légat devint encore leur médiateur, mais dès qu'ils
furent sur le point de vider leur querelle, l'archevêque de
Vienne espérant que le concile de Plaisance serait terminé, refusa tout accommodement

Saint Hugues, à bon droit indigné d'une fourberie sans exemple, partit, en hâte, pour Plaisance, où il arriva le dernier jour
du concile Il se présenta devant l'auguste assemblée, composée
de 200 évêques, de 4,000 clercs et de 3,000 laïques La comtesse
Mathilde, son ancienne protectrice, et saint Bruno s'y trouvaient (1) Saint Hugues exposa ses griefs Urbain II cassa, de

(1) Albert du Boys, p, 110

nouveau, le bref subreptice que Guy lui avait arraché, et il écrivit à cet indigne prélat pour lui reprocher sa coupable résistance et ses empiètements scandaleux sur les droits de l'évêque de Grenoble, cher au Saint-Siège

Cette fois encore, Guy refusa d'obéir; il outragea même le porteur du bref pontifical Le pape, informé de cette affaire, délia saint Hugues de toute subordination spirituelle envers son métropolitain, et écrivit aux clercs et laïques du comté de ne plus reconnaître la juridiction de l'archevêque de Vienne

L'année suivante, Guigues d'Albon, tout en faisant restituer à saint Hugues les biens qu'on lui avait usurpés, lui intentait une action spoliatrice. Guy de Bourgogne, d'accord avec ce nouvel ennemi de l'évêque de Grenoble, et croyant que cette circonstance lui fournirait les moyens de ressaisir le comté de Salmorenc, poussait Geoffroy de Moirenc à s'emparer des revenus et de la prévôté de Saint-Donat Ce seigneur exécuta les perfides conseils de Guy de Bourgogne Mais Urbain II ordonna à son légat de sévir contre l'archevêque de Vienne Le vicaire du successeur des Apôtres s'opposa donc à ces projets, et il lança des bulles d'excommunication sur Geoffroy de Moirenc qui, saisi d'effroi, courut à Grenoble faire solennellement restitution dans la chapelle de l'Évêché, en présence du légat, de l'archevêque de Vienne et des chanoines de Grenoble (1)

Plus tard, Pascal II ayant mandé Guy de Bourgogne à Rome, le fit consentir, après plusieurs conférences, à une transaction L'accord eut lieu en présence des évêques d'Albane, de Plaisance, du Puy, de Viviers, de Valence, de Genève et de Maurienne, et le pape expédia, le 2 août 1107, un bref destiné à en perpétuer la stabilité Il portait que l'évêque de Grenoble « continuerait de jouir de tout ce qu'il possédait à Saint-Donat, et de disposer, comme par le passé, des canonicats et des biens de cette église »

• Le droit de paroissialité fut seulement réservé à l'archevêque (2)

Courbé sous le poids des ans et des malheurs, saint Hugues fut chercher à Lyon une retraite pour ses vieux jours, mais les Grenoblois, désolés de l'absence de leur premier pasteur, se levèrent en masse et demandèrent son retour Saint Hugues rentra donc dans sa ville épiscopale aux bruyantes acclamations de la foule qui célébrait à l'envi ses rares qualités et sa fermeté constante

(1) COLLOMBET, 1, 438 9 — ALBERT DU BOYS, Vie de saint Hugues, p 159
(2) ALBERT DU BOYS, p 173, 5, 462 — CHARVET, p 569,

Pour le comte d Albon, qui appréhendait contre sa personne et ses domaines un mouvement offensif de la part des vassaux, touché, peut-être, par les vertus du saint évêque, et cédant aux vives instances de son épouse, la comtesse Mathilde, il consentit aussi à soumettre ses différends à l'arbitrage de Pierre, évêque de Die, et de Léger, pontife de Viviers

Bon nombre de barons rendirent alors à saint Hugues les revenus, qu'à l exemple du comte d'Albon, ils avaient ravis sur son église

Saint Hugues exposa ses griefs contre le comte et ses aïeux Le comte s'engagea formellement à restituer tous les biens ecclésiastiques, dîmes, droits de mariage, sépultures, cimetières, terres épiscopales, les privilèges et titres d hommes libres aux clercs de l évêché de Grenoble et de Saint Donat, et à les faire rentrer dans la possession de leurs droits, à condition que l'évêque userait de son pouvoir pour réprimer toute atteinte par eux portée à l'autorité du comte, déclarant affranchir de tout vasselage les familles des chanoines, ne se réservant la juridiction que sur les clercs des tenanciers ou feudataires pour les terres qu'ils tenaient de lui

Ainsi finit cette longue et scandaleuse querelle, pendant laquelle les vertus et la bonne foi de saint Hugues brillèrent de leur plus vif éclat, au-dessus de la conduite hypocrite et vénale de ses compétiteurs qui ne craignirent point de couvrir du voile de la religion la plus noire perfidie

Tous les documents relatifs à ce procès qui détermina définitivement les droits de saint Hugues sur l église de Jovinzieu, sont consignés dans la *Notice sur les Cartulaires de saint Hugues*, par M Ollivier, et dans la *Vie du Saint*, par M. Albert du Boys — Grenoble — Prudhomme — 1837 — In 8°

VII

Le peuple a ses coutumes et ses usages comme la nature a ses automnes et ses printemps Il aime à se rappeler la mémoire de ceux qui ne sont plus et qui lui ont laissé quelques bons souvenirs dans le cœur Il les fête. — Il crée en leur honneur des réjouissances publiques où l obole du mendiant n'est jamais oubliée, associant tour-à tour les pompes de la religion aux scènes de la vie. Heureux ceux qui survivent assez aux souvenirs du passé, pour inspirer chez le peuple des campagnes, — si vite oublieux, — ces sentiments de la reconnaissance! Heureux surtout celui qui ne réveille ce peuple que pour la danse et la chanson!

En mémoire du couronnement du roi Boson, les habitants de Saint-Donat créèrent, en 894, une fête toute patriotique et de famille, un simulacre de royauté.

Le lundi de Pâques de chaque année, le consul du bourg annonçait au peuple, à l'issue de la première messe, qu'il nommait roi de l'aumône de l'Ascension prochaine, un citoyen qu'il désignait.

Or, en l'année 1066 — quelques jours seulement avant Pâques — une pauvre jeune fille disait tristement : « Eh! quand je ne l'aurai plus, qui donc m'aimera? » Et sa main montrait, couché à ses pieds, un beau chien, au pelage tacheté noir et blanc, qui, chaque jour, dévorait la moitié de son pain d'aumône.

Assise devant sa petite mansarde, dont l'ameublement plus que modeste, mais soigneusement entretenu, accusait les efforts d'une indigence qui ne s'est point abandonnée elle-même, Jeanne, la fille du cordier, travaillant avec courage pour gagner la paie qui devait lui procurer la rançon de son vieux père, prisonnier du seigneur. Car, en ce temps là, triste et misérable époque des bas siècles, comme l'appelle M. le président Troplong, le pauvre manant, conspué, flagellé, vilipendé par le suzerain, à qui il devait foi et hommage, était traité comme une bête de somme au caprice de son maître.

En effet, le malheureux père gémissait depuis plus de six mois dans les cachots de la grande tour, pour crime de pauvreté, n'ayant pu acquitter, faute de quoi, la charge annuelle qui lui était imposée.

Jeanne pouvait avoir vingt ans. Sous ses vêtements grossiers de paysanne, elle cachait des traits caressants mais mobiles. Toutes ses émotions se traduisaient par des expressions subites et rapides. — Son visage limpide ressemblait à ces belles eaux qui laissent voir, jusqu'au fond, tout ce qu'elles renferment.

Elle tenait à la main l'outil de la tricoteuse qu'elle maniait avec adresse, et ne suspendait le travail de l'aiguille rapide que pour donner, de temps en temps, une tape de caresse à son fidèle gardien, qui la regardait alors avec cet œil attentif et aimant que Chateaubriand, après Buffon, a dépeint avec tant de charme et de poésie.

Il y a une nature tout à fait particulière d'attachement entre le malheureux, abandonné de tout le monde, et l'animal qu'il associe à sa misère.

Dans la maison du riche, le chien abondamment nourri n'a guère ordinairement qu'une affection de domestique pour ses maîtres. On reçoit mal ses caresses, ou bien on les rend du bout des doigts.

Avec le pauvre, c'est tout une autre vie! La pluie, la poussière, les mauvais traitements, le froid, la faim; on souffre tout à deux. Il n'y a point là de maître et de serviteur, il y a deux êtres qui ont à supporter ensemble un même sort, heureux ou malheureux. — Ils espèrent, ils désespèrent ensemble. — Quand vient la faim, quand vient le froid, ce sont des deux côtés, la même patience et la même douleur, les mêmes alternatives de crainte, les mêmes plaintes suppliantes.

La jeune fille paraissait pensive, et jetait, par moments, un regard inquiet du côté de l'orient, où l'on apercevait la silhouette bizarre et sombre d'une tour féodale, découpant le ciel pourpré de ses arêtes gothiques.

Elle songeait, sans doute, à son vieux père, lorsqu'elle s'interrompit tout à-coup au bruit lent des pas d'un vieillard, — un de ces visages hardis et basanés dont la franchise tempère la rudesse.

Une longue barbe grise voilait le demi sourire oublié sur ses lèvres, tandis que son regard restait comme attaché sur la jeune fille.

— Eh bien! demanda-t-elle, aussitôt qu'elle aperçut le bonhomme appuyé sur son bâton de houx et cheminant avec peine, n'y a-t-il rien de nouveau, oncle Gerbert?

— C'est demain, répondit le paysan de sa voix chevrotante, qu'on nomme le roi de l'aumône. — Dans quelques jours, on délivrera les prisonniers, et ton père, rendu à la liberté, recevra encore, ma pauvre Jeanne, tes embrassements et tes caresses.

La jeune fille n'entendit plus rien. Plus prompte que la flèche qui décida du sort de l'Helvétie, dans la main calleuse de Tell, elle s'élança, en poussant des cris joyeux, du côté de la tour. — Elle allait comme une folle, les cheveux au vent.

Le vieil invalide ne songea même pas à la suivre. Sa marche appesantie le lui eût défendu, quand bien même il y aurait pensé, — et déjà la fille du cordier avait disparu derrière les grands peupliers qui bordaient le chemin de la caverne, lorsqu'il rentra dans la pauvre mansarde, en grommelant, à part lui, « Que Dieu lui soit en aide! »

Et comme la nuit tombait, rapide et sombre, du sommet des montagnes, et que le vieillard, se voyant seul dans cette solitude, craignait la visite funeste des goules et des vampires, il siffla le chien de la maison, mais seul l'écho lui répondit : le chien avait aussi disparu

---

VIII.

Le lendemain, en effet, c'est à-dire le 16 du mois d'avril de l'année 1066, les habitants de Saint Donat procédaient à l'élection du roi de l'aumône et de l'ascension, comme ils le faisaient tous les ans depuis 894

Or, le 26 du mois de mai, quarante jours après les solennités de Pâques, par une belle matinée de printemps, — alors que l'espérance verdit sur tous les sentiers, — le *Monarque*, élu roi de l'aumône, monté sur un cheval gris alezan, et tenant à la main droite une énorme flamberge qu'il avait reçue solennellement du connétable pour la défense du pays, se dirigeait, accompagné d'une foule immense dont les bruyantes acclamations ébranlaient les vitraux des maisons, vers l'antique prieuré où l'attendaient le chapitre et son prieur

La procession marchait au son des cloches à grandes volées *Le roi*, la couronne sur la tête, le sceptre à la main, entouré de sa cour, tous les *grands* habillés et armés selon le costume distinctif de leurs dignités respectives, était précédé par quatre bâtonniers chargés de rubans, et par vingt archers portant chacun une torche

Le bouffon du roi, coiffé d'un bonnet jaune et couvert de plumes, vêtu d'une robe de même couleur sur laquelle étaient peintes les armes de son souverain, marchait à ses côtés et déployait, de temps à autre, en faisant force contorsions et grimaces, deux ailes peintes également en jaune, qui sortaient de la robe par deux fentes pratiquées aux épaules

Une musique hélas ! trop champêtre annonçait l'arrivée de la procession

Après avoir assisté à la célébration de saint office, le cortége se rendit à l'entrée du bourg devant une chapelle qui a conservé le vocable de saint Anaclet.

À l'heure précise de midi, *le roi goûtait*, le premier, les aliments destinés aux pauvres, espèce de bouillie de fèves et de lentilles un peu moins détestable que le brouet du Spartiate, et le trésorier distribuait, en chantant « largesses ! » l'aumône royale aux mendiants

Aussitôt un héraut d'armes, sé plaçant au milieu de la foule, et sonnant de la trompe, annonçait la royale visite aux prisonniers

En ce moment, les officiers de la couronne descendirent de leurs palefrois et allèrent se placer, suivant le rang hiérarchique de leurs fonctions autour de *Sa Majesté*, dans l'ordre suivant : — à droite le connétable et le chancelier, — à gauche le grand juge, les conseillers, les capitaines et lieutenants aux gardes, le grand intendant et guidon, le procureur et le châtelain — Et un peu en arrière, le procureur d'office, le grand écuyer et l'écuyer tranchant, le bouffon, le garde en premier, le garde en second — En dernier lieu, l'huissier et le sergent

Bientôt le cortège se mit en marche aux sons éclatants de la joyeuse fanfare

Il traversa lentement les rues tapissées de feuillages et de tentures aux couleurs riches et variées

Le roi, usant des privilèges attachés à son omnipotence de quarante-huit heures, allait délivrer les malheureux qui gémissaient sous les verroux

Le premier des plaisirs et la plus belle gloire est de répandre des bienfaits !

Arrivé aux pieds de la tour, aussi lugubre d'aspect que les plombs de Venise, le cortège fit une halte

Le roi, accompagné de sa cour, gravit, à pieds, l'escalier tournant qui conduisait à la sombre demeure, — et la foule attendit, impatiente, l'arrêt solennel qui allait briser les chaînes du pauvre serf

La prison, placée sous le prieuré, était une vaste excavation ronde semblable à un puits Elle avait environ vingt pieds de diamètre, ses bords, hérissés de pierre, étaient à demi recouverts de rameaux de vigne sauvage On descendait une vingtaine de pieds en s'accrochant aux pointes de roches et à quelques arbrisseaux Ensuite il fallait se laisser tomber, à l'aide d'une corde attachée à une espèce de madrier, jusqu'à une échelle de bois qui avait été jetée en avant. Le souterrain s'ouvrait en face — La lumière du jour parvenait bien faible au fond de ce souterrain, et une grande stalagmite, pendant de la voûte, semblait en marquer l'entrée véritable Après quelques pas on passait sous une sorte de propylée sombre et grandiose qu'on aurait pu prendre, sans grands efforts d'imagination, pour le portique du palais de quelque génie malfaisant de la terre

Une galerie circulaire conduisait à une voûte très-surbaissée C'était là que les prisonniers, enchaînés quelquefois selon la gravité de leurs fautes ou de leur accusation, comptaient tristement leurs heures de captivité en regrettant les deux plus grands bienfaits accordés à l'homme ici-bas : la liberté et la lumière ! Oui, c'est là qu'ils pouvaient épeler leur destin mieux que dans le livre funèbre de la vie ! C'était pour eux que cette inscription mélancolique fut jadis gravée au-dessus du cadran de je ne sais quelle église :

Vulnerant omnes, ultima necat,

CHAQUE HEURE FAIT SA PLAIE ET LA DERNIÈRE ACHÈVE.

Au premier signal *du monarque* le sergent, placé derrière lui, descendit lentement dans l'abîme, muni d'un trousseau de gros ses clefs rongées par la rouille, et qui pendaient à la corde de chanvre qui lui tenait lieu de ceinturon

Mais à peine avait-il fait quelques pas qu'il remonta, effaré, plus blanc que la voie lactée, articulant des mots inintelligibles, et montrant d'une main crispée l'ouverture de la grotte, où des spectres étranges et hideux avaient dû faire leur apparition

Bientôt la foule, instruite de ce qui se passait, se rua jusqu'au haut de la terrasse qui dominait le donjon

Elle demandait, en poussant des cris plus sinistres que l'halali suprême de la damnation, que la porte fut forcée, mais personne n'osait s'aventurer dans les méandres obscurs de la caverne, car, déjà les enfants et les matrones avaient chuchoté, en se signant trois fois, les noms magnétiques et effrayants de dragon noir et de vampire

Cependant le sergent renaissait à la vie — On l'interrogeait, on le pressait de répondre, — mais il ne pouvait dire que ces mots « J'ai vu le diable habillé en loup garou ! »

On délibérait sur le parti à prendre, et déjà les archers, rangés en ordre de bataille et armés de leurs hallebardes, se disposaient à faire un siège en règle, lorsque le vieillard que nous avons vu au commencement de ce récit s'avança péniblement jusqu'aux bords du souterrain et demanda, avec instance, d'être introduit dans le gouffre mystérieux

Sa demande fut accueillie par des bravos frénétiques

Gerbert — le vieux charbonnier — n'était pas exempt des préjugés et des faiblesses de son temps — Il croyait aussi à l'apparition nocturne des spectres et des gnômes, mais, domptant par une énergie peu commune alors la frayeur qui l'avait saisi tout d'abord, il descendit bravement dans la prison, car il fallait sauver le pauvre Jacques, le mari de sa défunte sœur, le père de Jeanne, son frère et son ami !

Vingt minutes, longues comme vingt siècles, s'étaient écoulées et Gerbert ne paraissait pas La populace, impressionnée plus que jamais comme sous l'œil fascinateur d'un jettatore napolitain, commençait à redescendre dans les rues basses du village, en priant Dieu pour l'âme du défunt, lorsqu'un cri se fit entendre, cri de triomphe et de terreur à la fois! Gerbert n'était pas mort ! — Il revenait de sa périlleuse excursion, non pas livide et en lambeaux, mais sain et sauf, les yeux rouges de larmes et le cœur bondissant !

Le chien de Jacques sautait à ses côtés et lui léchait la main, — Jeanne, la pauvre fille, s'appuyait sur le bras du vieil invalide — Son œil était hagard, — ses cheveux éparpillés sur ses épaules, étaient à moitié arrachés ; — sa robe dénouée était en pièces — Elle riait, l'infortunée, mais de ce rire bestial qui est un des symptômes les plus affreux d'une monomanie sans espoir de retour Elle était folle et son père était mort !

Jeanne était venue, la veille, après des efforts surhumains, annoncer à son malheureux père l'heure prochaine de sa délivrance Ses ongles meurtris avaient détaché une pierre des murs décrépits de l'enceinte Un passage étroit et dangereux avait permis à la courageuse paysanne et à son fidèle Rustaud d'arriver jusqu'au pauvre cordier, mais le fer qui enlaçait le serf prisonnier avait résisté à toutes les tentatives de la pauvre enfant Elle était tombée à la tâche sur le cadavre de son père qu'une commotion cérébrale trop violente, excitée par la joie, avait foudroyé

Le lendemain une foule compacte et silencieuse accompagnait à l'enclos funèbre le pauvre Jacques — Le vieux Gerbert suivait le convoi en pleurant. — Jeanne la folle le suivait aussi, mais elle riait d'un rire étrange — Parfois un éclair lucide traversait sa paupière, — alors elle caressait, de sa main amaigrie, son chien qui ne la quittait plus, et elle répétait en sanglotant

— Quand je ne l'aurai plus qui donc m'aimera ?

IX

Les réjouissances qui avaient lieu à la suite du couronnement du roi et l'ascension et auxquelles prenaient part les habitants des communes voisines, furent supprimées cette année-là Le cachot de la tour fut muré, et, pendant neuf siècles durant lesquels on renouvela chaque année ce simulacre de royauté, les actes publics qui constatent l'accomplissement de cette commémoraison, attestent que le roi n'eut jamais lieu de signaler sa clémence

Le dernier des rois de Saint Donat fut Antoine Galland, élu en 1789 — Jacques Brunier est le nom de celui qui présidait à la scène que nous venons de conter — Pierre Feugier avait été élu en 1782.

Étrange effet des révolutions qui ne respectèrent pas seulement la couronne et le sceptre d'un roi plus débonnaire et moins coûteux que le bon roi d'Yvetot, « peu connu dans l'histoire »

Comme seule liste civile, la cour avait le privilège de la chasse et de la pêche — Le poisson et le gibier faisaient l'ornement du festin — Il était défendu aux habitants du bourg de ⸱ blasphémer le saint nom de Dieu, de la sainte Vierge et des Saints, et aux hôtes et cabaretiers de ne donner à boire ni à manger, sous les peines portées par les ordonnances le tout à peine de désobéissance et de 24 livres d'amende »

J'ai parcouru bien souvent les lieux qui furent le théâtre de ce drame Mais le temps qui dévore tout a promené son marteau de démolisseur sur ces monuments qui nous parlaient d'autrefois

« Quand le granit tombe en poudre et quand l'histoire se tait, dit lord Byron, la complainte du paysan supplée aux annales douteuses »

Je ne sais si le souvenir de l'épisode qui signala l'élection de 1066, et qui rappelle le prisonnier de Chilon, est resté vivant dans quelques cœurs, mais, en visitant, l'an dernier, l'emplacement de la tour féodale, je lus, grossièrement buriné sur un morceau de roche, ce vers si significatif de l'un de nos plus grands poètes contemporains qui a emprunté sa pensée au plus sublime des poèmes l'évangile

« HOMME, L'HOMME EST TON FRÈRE, ET VOTRE PÈRE
EST DIEU ! »

J'ai trouvé en fouillant dans les actes des tabellions de l'endroit, plusieurs procès-verbaux constatant le couronnement du roi de l'ascension J'ai pris copie d'un acte passé le 29 mai 1735, devant Me Louis Jullien, notaire, et contenant quelques détails assez curieux sur cette bizarre coutume Denis Tabarin, marchand, fut élu roi Il choisit Jean Seigneuret pour son connétable, Louis Ponchon pour son chancelier, Denis Pipard pour juge ; pour conseillers, Pierre Alloy et Balthazar Reinaud, François Eymard et Jean Ithier furent nommés capitaines et lieutenants aux gardes, Jean Faure devint intendant et guidon ; Nicolas Paul fut procureur, Jacques Prohet, châtelain, Julien Eymard, procureur d office, Paul Puellaplace, grand écuyer et bouffon, Christophe Rolland, premier garde, Louis Argoud, second garde et François Antoine Morel, de Marsas, resta choisi pour huissier et sergent

Comme cet acte est assez long, et qu'il n'est, d ailleurs, que la copie presque littérale des précédents, je vais me contenter de transcrire ici le récit que nous a laissé le chanoine Chalvet, de la célébration de cette fête, en 1318

« Le terrier de l aumône, dit il assez burlesquement, qu'on fait dans Saint-Donat, le jour de l Ascension, fut renouvelé de peur de prescription Il reste encore deux parchemins contenant 14 reconnaissances, rapportant 14 quartaux, 2 pugnères de seigle, mesure du pays, L'un des consuls du bourg de Saint Do nat, le lundi de Pâques, déclare, au sortir de la première messe, qu'il élit pour roi de l aumône de l'Ascension, un des habitants de Saint-Donat Après les premières vêpres, ce roi monte à cheval et, accompagné des plus notables, il va au devant d une ancienne chapelle, hors du lieu, où il est couronné solennellement d'une très ancienne couronne Son règne n'est tout au plus que de deux fois 24 heures, et, pour marquer sa toute puissance, il n'est pas couronné que, suivi en cavalcade de toute sa cour, il se rend aux prisons pour en délivrer les prisonniers, ayant le pouvoir d en faire s il veut On voit encore des registres de la justice exercée par ses officiers, qui sont de fort anciennes dates Le roi monte ensuite avec sa cour dans le château, ou se trouve l église Il entend la grand messe, avant laquelle on fait une procession, à laquelle il assiste, avec cette particularité qu'il est monté sur un cheval bien harnaché Ce roi, ayant le sceptre en main, la couronne sur la tête, environné et suivi de tous ses officiers, habillés et armés suivant leurs ministères, il suit ainsi le clergé qui fait la procession dans les rues de Saint-Donat L aumône royale se distribue à midi à tous ceux qui en veulent. Je lendemain, vendredi, il donne à toute sa cour, le divertissement de la pêche qui se fait dans la petite rivière de l Herbasse qui passe assez près de Saint Donat, pour se jeter dans l Isère Ensuite il congédie toute sa cour, après l avoir régalée d une collation des poissons pris et de tout ce qu il peut ramasser (sic) En 1318 on exécute toutes ces choses par tradition, et Jean de Pollilhon, qui est roi cette année, fait renouveler toutes les reconnaissances de cette aumône, dans un rouleau de parchemin, composé de plu sieurs peaux liées ensemble

« Si c'est le roi Boson ou son fils, continue di-tôlement le bon Chalvet, devenu philosophe et penseur, qui sont les instituteurs de cette cérémonie, pour laisser à la postérité une image de leur élection à la couronne de Bourgogne, ils pouvaient bien permettre, pendant quelques heures, qu'un autre qu'eux mêmes eût la souveraine puissance d'élargir des prisons de Saint-Donat, les criminels qui s'y trouvaient, mais cette institution est plutôt venue de l'évêque Isaac qui inventa ceci pour mémoire éternelle de la donation de Joyinzieu, faite par Boson Saint Hugues a laissé un état des coutumes que cet évêque et trois autres de ses successeurs ont pratiquées, dans ce Joyinzieu, entr'autres, il dit qu'ils avaient leur monnoyeur, ce qui est un droit royal, et un exécuteur de la haute justice sous le nom de *borellus episcopalis* Ces évêques de Grenoble ayant donc dans Saint-Donat tous les cas royaux, et pour le faire voir à tout le monde, ils firent présent de leur puissance souveraine, pendant la solennité d'une telle fête, à un des habitants de Saint-Donat, qui était élu roi, comme je viens de le raconter »

Maintenant tout est bien changé Je ne sais si c'est progrès ou décadence, mais il ne reste plus rien de ces solennelles consécrations et de ces réjouissances annuelles, qu'une modeste fête qui n'est plus en vogue, hélas ! quoiqu'elle soit ainsi nommée Le ménétrier du village donne en vain le signal de la danse, son archet criard agace en vain les cordes stridentes de l'instrument usé, quelques rares danseurs apparaissent à peine, plutôt pour parodier grotesquement la noble origine de la solennité, que pour en perpétuer le touchant souvenir On voit encore cependant, sous le cloîtres, le fourneau culinaire de la fête, rongé par la rouille et ébréché en maint endroit Il ne pourrait plus servir qu'à des incantations, si, de nos jours, les trois sorcières de Shakspeare préparaient encore le charme qui doit ensorceler Macbeth Mais que diraient nos aïeux, s'ils voyaient cette coupable indifférence de la jeunesse, pour qui, pourtant, tout devrait commencer et finir par des chansons !

Cette étrange coutume est bien unique dans son genre, elle peint presque, à elle seule, la physionomie de cette époque Mais des fêtes moins importantes n'étaient pas rares Je ne citerai que celle de Saint Joseph, patron des charpentiers, des maçons et des tailleurs, qu'on a célébrée pendant longtemps à Saint Donat, fête qui tombe au 19 mars et qui est renvoyée au 20 avril Tout cela peut offrir un curieux tableau, une piquante étude de mœurs à faire

Autrefois on annonçait la venue prochaine du Christ, par des chants appelés Noëls Des troupes d'hommes, d'enfants et de femmes escaladaient les clochers et le sommet des plus hautes tours, de là, criaient en cohue et faisaient le plus de bruit possible comme dans un concert exécuté la nuit, par des goules et des zingaris

On dit même qu'après l'invention des canons, qui ne paraissent pas avoir été employés avant le XIV° siècle, les habitants des communes voisines se répondaient alternativement par une ou deux pièces d'artillerie placées dans le clocher, comme point culminant C'était d'ailleurs ainsi que le faisaient entr'eux les habitants de Romans et ceux de Saint Donat, avant la chûte de l'ancien clocher de ce dernier bourg, arrivée en 1618

> C'était sur cette cime (sur ce clocher)
> Que l'on chantait en bonne rime
> Les Noels depuis les avents
> Jusques à la fin de leur temps,
> Et puis, de là, l'artillerie
> Sur Jésus et Marie,
> Nos canoniers, si braves gens
> Répondaient à ceux de Romans (1)

Saint Jérôme rapporte que, de son temps, les chrétiens de la Thébaïde avaient déjà des cantiques pour célébrer la naissance du Christ,

Saint Augustin est plus explicite encore et nous apprend que, pendant la nuit de l'avent, on chantait des cantiques composés par saint Ambroise

Importé dans l'Europe chrétienne, cet usage des chants rustiques en l'honneur de la Nativité, dut, pour rester fidèle à son origine populaire, s'accommoder non pas du latin comme les hymnes de la liturgie, mais de l'idiome national, et se plier, non pas au rythme du chant grégorien, mais à celui des airs de la campagne.

Voici le refrain du cantique que l'on chantait à Saint Donat, et que j'ai retrouvé dans le *Mystère de Troyes*, dont la bibliothèque de l'école des Chartes a donné l'analyse (T III P 453 477)

> O Dieu quel astre nouveau,
>   Qu'il est beau!
> Ah! je n'ai vu de ma vie
>   Rien de si prodigieux
>   Dans les cieux,
> Ma vue en est éblouie!

(1) Extrait d'une pièce de vers sur la chûte du clocher de Saint Donat

X.

Les évêques de Grenoble, réfugiés à Saint Donat, ne songèrent pas, d'abord, à se bâtir des logements Ils espéraient, sans doute, que leur séjour serait de peu de durée, mais, au dire de Chalvet, sous le règne des trois fils de Louis le-Débonnaire qui se mirent à guerroyer entr'eux, pendant que de nombreux ennemis dévastaient leur royaume, ces illustres fugitifs, perdant tout espoir de retour, s'établirent dans Jovinzieu qui leur appartenait en vertu du droit de *primi occupantis*

Boson venait de ratifier cette possession plus qu'équivoque, par sa donation datée de 879 Les évêques eurent alors l'intention de construire une cathédrale sur les débris du temple dédié à Jupiter Ils commencèrent par relever les remparts qui, déjà, tombaient en ruines, et chargèrent l'architecte Reneo d'édifier l'église et les appartements du nombreux clergé qui composait alors le chapitre de Saint Donat

Reneo ouvrit une porte à tour carrée, aux quatre points cardinaux du bourg, avec sarrazine, barbacanes et ponts levis L'emplacement choisi pour l'église fut, dit *Chalvet*, « l'endroit qui se trouve le plus près d'un côteau fort élevé qui domine le bourg, lequel est de figure presque ronde, comme celle d'un chapeau dont la coupe, s'élevant sur la rondeur de ses bords, représente le monticule de Jovinzieu, contre lequel, — au midi — s'élève l'ancien château des rois de Bourgogne »

Il est assez difficile de se faire, aujourd'hui, une idée de la position topographique du prieuré, par la description trop obscure de Chalvet, mais il paraît qu'une petite église paroissiale existait déjà dans cet endroit — Reneo y ajouta une nef et agrandit le presbytère en laissant un assez grand espace entre l'extrémité — ouest de la nef et l'esplanade du monticule

Le privilége de frapper monnaie au coin des chanoines et des évêques, permit à ceux ci d'élever un monument sur de plus larges bases, sans avoir à compter avec l'argent Ils trouvèrent, d'ailleurs, de généreux protecteurs dans Beuves, comte de d'Ardenne, — père de Boson, — dans Boson lui-même et Louis, son fils roi de Bourgogne, — dans Adélaïs et Egine d'Angleterre, son épouse, — dans Charles, dit Constantin, comte et prince de

Vienne, qui vivait en 963, — dans Humbert 1er, tige des ducs
de Savoie, — Thietberge, sœur de Beuves, qui épousa le roi
Lothaire le-Jeune, — Richilde, sœur de Boson, deuxième femme de Charles le Chauve, — Richard, frère de Boson, duc de
Bourgogne, et enfin dans Ingelberge, sa sœur, femme de Guillaume 1er, duc d'Aquitaine et comte d'Auvergne, qui sont regar-
dés, par Chalvet, comme les fondateurs de l'église de Saint-
Donat

Folbert, Suger et Maurice de Sully ne marchèrent ils pas, plus
tard, sur leurs traces ? leurs libéralités permirent aussi au clergé
de construire des églises admirables

Reneo, après avoir bâti le clocher, jeta les fondements d'un
cloître dans l'espace compris entre la nef et le vieux château Ce
cloître, qui ne comptait que neuf arcades, soutenues chacune par
deux piliers, fut enrichi d'un grand nombre de statues — Un
puits fut creusé au milieu des arcades — Sur un pilastre, à gauche, une statue représentant le Christ — assis — prenant l'évangile, d'une main, et montrant, de l'autre, le puits, pour si-
gnifier dit Chalvet, que s'il est la voie et la vie, il est encore la
source d'eau vive »

Les quatre angles étaient décorés de bas reliefs représentant
les attributs symboliques des quatre évangélistes, Saint Mathieu,
saint Jean, saint Marc et saint Luc, — une frise élégante couronnait chaque arcade — aux pieds de l'angle, à droite, et près
que à côté du puits et de la statue du Sauveur, un réservoir
cimenté avec art, recevait les eaux pluviales de tout le cloître, de
l'église et du vieux château, par le moyen de canaux en pierre
posés sur les arcades De là, l'eau se vidait, par un autre canal,
tout-à fait hors du château

Ce réservoir avait aussi, à ce qu'il paraît, une autre destination Il devenait, pendant chaque carême, une commode pêche-
rie, où les chanoines pouvaient, chaque jour, tirer le poisson dont
ils avaient besoin pour leur repas frugal L'artiste avait sculpté
sur la corniche intérieure, une énorme carpe entourée de coquil-
lages et de têtes de poissons marins

Les chambres des chanoines furent placées à plein-pied, au-
de là des cloîtres et non loin du 10 en voit Chaque pilier qui sou
tenait la muraille, représentait une statue des trois Maries, portant des parfums au sépulcre — Le sépulcre, sur lequel un ange
se penchait tristement, fut creusé dans l'un des doubles pilastres,
avec cette inscription que l'ange semblait montrer des yeux —
Quem quæris? la réponse, *Jesum Nazarenum crucifixum*,
était gravée un peu plus bas — La dernière statue représentant
saint Thomas accompagné de saint Grégoire le Grand — Ces
deux statues ornaient l'entrée d'un grand cénacle, servant de ré-

fectoire aux chanoines — En face, un petit corridor conduisait du cloître à la chapelle capitulaire de la Vierge dite Nôtre Dame-de Grâce

La statuaire s'était montrée prodigue à cet endroit Chaque colonne, chaque arcade avait sa statue modelée en bosse Ici, saint Pierre saint André et saint Jacques — Là, saint Simon, saint Paul et saint Barthélemy — Aux angles opposés, des chapiteaux représentant des histoires tirées de l'ancien testament — Daniel dans la fosse aux lions — David égorgeant le lion — Le sacrifice d'Abraham — Adam et Ève dans le paradis terrestre etc

Une voûte en berceau servait d'entrée à la chapelle épiscopale dont l'autel était enfoncé dans une niche faite en cul de-lampe, — Cette chapelle communiquait au palais bâti par Isaac et ses successeurs, et fermait ainsi, comme une forteresse, toute la partie du château qui regardait le septentrion

L'hôpital de l'église et les prisons épiscopales, formées de tours carrées, étaient annexés au palais Les criminels étaient descendus par un escalier éclairé d'un ciel ouvert — Mais comme l'élévation excessive de cette partie du château avait fait sensiblement bomber les murs qui menaçaient, à chaque instant, d'abîmer, dans leur chute, les deux tiers du bourg, Renéo éleva une tour carrée qu'on nomma le *Belvéder de la Tourelle*, et qui servit avantageusement de contre fort au vieux château des anciens rois de Bourgogne — Ces derniers se contentèrent d'une grande salle ou salon, et d'une chambre à coucher, au troisième étage, — au-dessous et à plein pied, de deux appartements semblables, occupés, — le premier — par les officiers de garde, — le second — par le personnel de la trésorerie — Cette dernière pièce fut, plus tard, convertie en *échauffou* commun, pour le chapitre — En dessous et presque aux pieds du coteau, il y avait des espèces de casemates où étaient logées les compagnies de la garde royale Ces appartements devaient comprendre la partie du château qui sert aujourd'hui de mairie et de salle de justice de paix

Louis de Maisonneuve, aumônier de l'église, et qui fut un de ceux qui s'occupèrent le plus de ces constructions, utilisa parfaitement l'espace compris entre le vieux château et l'ancienne église Il bâtit la chapelle capitulaire et la nécropole des chanoines et des évêques Par une idée assez bizarre, il fit ajouter à l'enclos funèbre une belle salle à manger, comme s'il eût voulu mettre sans cesse sous les yeux des chanoines, et jusqu'au milieu des festins, l'image pénible de la mort Ce corps de logis, d'une élévation égale à celle du vieux château, fut divisé en plusieurs étages — Celui d'en bas servit d'atelier monétaire — Le troisième forma deux pièces distinctes La première devint le ves-

tiaire des chanoines, et la seconde la chapelle du chapitre — Le
sacristain fut logé à l étage intermédiaire, et préposé à la garde des
ornements de l église — Ils y ajoutèrent ensuite une autre chapelle qu'ils consacrèrent à saint Jacques — Malgré ces vastes
constructions, l église, étant trop étroite, fut encore agrandie —
Ils la dotèrent d un presbytère élégant et spacieux — Ils élevèrent aussi deux voûtes carrées dans sa longueur, dont l une servit
pour l autel et l autre agrandit une partie du chœur qui fut séparé
de la nef par une *turbine* ou tribune appelée *Jubé*, fort en usage
dans les anciennes cathédrales, notamment dans celles de Saint-
Maurice de Vienne et de Notre-Dame de Paris

Ce nouveau chœur et le presbytère, bâtis en pierre de taille et
à filades, avaient la forme d un donjon De là la vue s étendait
au loin sur de vastes prairies verdoyantes, et allait se perdre dans
les montagnes abruptes de l Ardèche La masse écrasante de tant
de matériaux, amoncelés pour ces bâtisses fit lézarder les anciens
murs L architecte les fortifia de deux éperons ou talus qui fer-
maient aussi le cimetière correspondant à la chapelle épiscopale

La longueur du cloître était égale à celle de l église et du château Quatre arcades seulement composaient la largeur — Le
levant répondait à l entrée de la chapelle des chapitres — Cette
entrée était accompagnée de deux arcades qui se donnaient le
jour — L autre côté, regardant le couchant, faisait face à l entrée du logement du prieur L espace qui existait entre l église et
le château servait de place d armes On y creusa, presque au milieu, un puits assez profond

Complétons cette description déjà fastidieuse de l ancien prieuré
de Saint Donat, par quelques mots sur les anciennes peintures
qui décoraient les principales pièces

Dans le fond du presbytère, un grand tableau représentait
Jésus sur la croix, et son auguste Mère et l apôtre bien aimé aux
pieds du gibet glorieux Autour des murs, des personnages, à
genoux, tenant entre leurs doigts des écussons à demi effacés, et
une peinture représentant saint Donat, revêtu des ornements sa-
cerdotaux Un autre grand tableau des trois saints Vincent,
Oronce et Victor, pieds nus et en chemise, et subissant l interro
gatoire du préfet Rufin Puis, quelques autres tableaux insigni-
fiants

On lisait au dessus du tableau de Saint Donat le sommaire de
sa vie et de sa translation

Nascit r, Aurel us, fi p esbiter, Indé rei sola i
Laudart i reluens, coluit Dot ains erei uit i,
Atque huc translati celebrat i i i sabula,
Nomen — Circ t a m i Doi h i 730.

Après avoir changé le nom de Joyinzieu en celui de Saint
Donat, les évêques en célébrèrent la dédicace dans une fête so
lennelle, et, pour en perpétuer le souvenir, ils firent et chantèrent
le quatrain suivent

> Prioliit r i i laud m cul i i e
> l ocis d elis à sa eli no i i e ,
> Que n Do ati s e avit sai et tas
> Et jus præsens adest solei i i tas

Que Chalvet versifie burlèsquement ainsi

> Jov nzien se a ni coml le des Jo anges
> Se no nn ant S nt l onat par l ber l te
> Son co ps l y i t s e t l gard nt d s es l ges
> De soi i o eil a gi e e tl i sole té
> Q i j olest ce père ca i i gi ?

Jous, roi de Bourgogne voulut bien être le parrain du bourg,
lors de ce nouveau baptême, qui eut lieu vers l an 940, et dont
la commémoraison fut célébrée jusqu en 89, après seulement une
interruption de 43 ans, c est à dire de 1562 date du ravage des
protestants, jusqu en 1625, sous Louis XIII, ou plutôt
Richelieu

Mais n admettons cepe i ant pour vrai que ce qui est evident,
dit Descartes Faute d examen, tout devient préjugé, même la
vérité, répète a son tour Bacon

N'admettons donc pas après examen, que les évêques de Gre
noble, comme le veut le bon et trop candide Chalvet, se soient
emparés de Saint Donat, à titre de premiers occupants — Cette
manière simple et facile d acquérir la propriété pouvait bien être
en usage et en honneur dans ces temps barbares, où la raison du
plus fort était toujours la meilleure, où le droit des gens était celui
du bœuf écrasant sur son chemin l enfant faible et désarmé qui
se présente à lui, mais il fallut, d abord, que la chose n appar
tint à personne, en s en emparant dans le dessein de l acquérir, il
fallait que Saint Donat eût été pillé, saccagé incendié, ses terres
mondées, ses forêts détruites par l ennemi pour que le seigneur
qui l occupait déjà consentit à l abandonner, comme un objet
sans valeur — Il n en fut pas ainsi — Si Joyinzieu fut ravagé
par les Sarrazins à une époque que l on ne peut déterminer, il
n en rest a pas moins toujours un beau domaine, qui excita long
temps encore la convoitise rivale des évêques et des seigneurs, et
qui leur suscita plus d une querelle — Non ! ces fiefs suzerains
d autrefois qui, pour une legère insulte, un arpent de terre, une
bruyère, un faucon, moins encore, armaient leurs vassaux et les
vilains, arboraient la bannière de déch et guerroyaient entr'eux

sans loi ni trêve, ne laissaient pas ainsi à la merci du premier
venu une terre comme celle de Saint-Donat — Les seigneurs et
les évêques avaient souvent maille à partir entr'eux — Les nobles n'étaient pas toujours les plus forts je le sais mais ils étaient
rancuniers et irascibles, et ne faisaient pas facilement de conces-
sions à leurs plus irréconciliables ennemis — Ce qui le prouve
encore, c'est qu'il ne fallut rien moins que l'intervention de Boson
qui, en 879, assura aux évêques de Grenoble la propriété de
Saint Donat

N'admettons pas davantage que les Sarrazins aient occupé le
Dauphiné durant 200 ans Il est impossible de croire que s'il en
eût été ainsi, le clergé grenoblois eut trouvé dans Saint Donat,
éloigné seulement de quelques lieues de Grenoble, l'asile ignoré
et sûr qu'il était venu y chercher — Malgré l'absence des voies
ferrées à cette époque, on se refuse à penser que ces barbares aient
mis plus de dix ans à parcourir le Dauphiné pour en connaître et
ravager les plus secrètes parties

XI.

La grande unité politique, réalisée par Charlemagne, n'ayant
eu que la durée d'un essai, et bientôt, au contraire, l'Europe allait
présenter un prodigieux morcellement qui tenait à la nature
même du régime féodal Mais c'était, à tout considérer un temps
affreux, malgré les éloges exagérés que certains écrivains se sont
étudiés à en faire

Représentez vous, si vous le pouvez, cet amalgame de tant de
peuples Gaulois, Romains, Bretons, Gascons, Francs, Burgon-
des et Normands, — conservant chacun leurs mœurs, leurs lois,
leurs instincts et leurs costumes, perpétuant sur le sol qu'ils se
sont partagé toutes les formes de libertés et de servitudes, de
barbaries atroces et de vices raffinés, et n'ayant de commun que
l'amertume de la main morte et de la corvée, et le poids d'une
guerre aveugle et sans fin

Tel était le moyen-âge que je n'ai point à peindre ici sous son
côté poétique, avec ses chevaliers errants, moins redresseurs de
torts qu'on n'a voulu le dire, avec ses ménestrels chantant de
château en château, leurs lais et leurs sirventes, et ses moines

gyrovagues, espèce de chevalerie cléricale qui, au risque de se faire fouetter, pendre ou pourfendre, parcouraient le pays, comme les prophètes des temps anciens, pour reprocher aux grands leurs crimes et leurs injustices

Mais pendant que l'unité nationale s'élaborait lentement, imperceptiblement au milieu des désordres de cette époque, l'Église voyait augmenter de jour en jour sa prépondérance et, comme le dit Châteaubriand et après lui, M. Guizot, les couvents devenaient des espèces de forteresses où la civilisation se mettait à l'abri de la bannière de quelque Saint

L'église de Saint Donat venait d'être donnée aux prédécesseurs de saint Hugues par les rois Boson et Louis. Geoffroy de Moirenc qui la possédait refusa obstinément de s'en dessaisir malgré les pressants avis de Hugues, archevêque de Lyon et légat du Saint Siège. Mais, interdit et privé de la communion, il alla s'humilier à Grenoble en présence de l'archevêque Hugues et de Guy, archevêque de Vienne, et rendit à saint Hugues et à ses successeurs l'église de Saint Donat, l'honneur, les terres et les appartenances

Comme fiche de consolation, saint Hugues laissa au malheureux seigneur les vieux fiefs des chevaliers et le fief de Gilbert Bethon, à condition que celui-ci reviendrait à l'évêque et à ses successeurs à la mort de Geoffroy qui lui rendit hommage Odilon, père de saint Hugues, qui tenait *prædictum honorem* du noble comte, approuva cette reddition sous le pontificat d'Urbain II, avant la prise de Jérusalem

Geoffroy laissa donc à saint Hugues la prévôté de Saint Donat et tout ce qu'il possédait dans les mandements de Saint Donat et de Charmes. Urbain II confirma cette restitution par une bulle datée de 1090 (1)

Guy de Bourgogne, élevé sur le siège pontifical, donna à son ancienne église de Vienne la primatie sur sept provinces Vienne, Bourges, Bordeaux, Auch, Narbonne, Aix et Embrun. Il voulut que ses archevêques exerçassent, dans ces provinces, le droit de vice gérants, du Souverain-Pontife, avec pouvoir de convoquer les conciles et de juger les affaires, soumit à sa juridiction Grenoble, Valence, Die, Viviers, Genève, Maurienne de Tarentaise et diverses abbayes comme celles de Saint-Pierre, Bonnevaux, l'archidiaconné de Salmorenc et les clercs et chanoines réguliers de Romans, de Saint Donat et de Saint-Vallier (2)

L'empereur Frédéric Ier, surnommé *Barberousse*, le plus puissant et le plus illustre des empereurs germaniques du moyen

(1) Cartulaire de saint Hugues
(2) COLLOMBET — II 33 4 — do né 7 V lettre le 8 de kl le 1 a p 1120

âge, donna, en 1178, son impériale protection à Jean de Sassenage, à son église et ses dépendances, confirma en sa faveur
toutes les possessions qu'il avait à Grenoble, et *extra-muros :*
fonds, terres, prés, chasses, ports, châteaux, places, péages, etc.,
fours, moulins, justice, et notamment Saint-Donat avec toutes
ses dépendances, *nominati castrum sancti Donati cum omni-
bus appenditiis ejus,* se réservant toutefois la justice impériale,
ce qui semble indiquer l'établissement, au nom de l'empereur,
de personnes publiques chargées de rendre la justice en certains
cas. — Cette clause ne se trouve point dans une bulle en faveur
de l'évêque Geoffroy, datée de 1161.

Barberousse qui n'avait pas craint de menacer de sa colère
Roland Bandinelli, élu pape sous le nom d'Alexandre III, après
la mort d'Adrien IV (1159) et de lui opposer un anti-pape;
Barberousse, qui venait d'assiéger Rome et d'en chasser Alexandre qui s'était réfugié en France, défendit de troubler la possession de l'église de Grenoble, par son évêque, sous peine d'être
mis au ban de l'empire et condamné à 50 livres pur or, dont la
moitié au profit du fisc, et la seconde moitié pour l'évêque de
Grenoble (1). Alexandre III, rentré dans ses états, concéda au
prieur de Saint-Donat et à ses frères, tous les droits et privilèges
que le Saint-Siège peut accorder, et fit le dénombrement des
églises qui devaient dépendre du prieur.

Plus tard Saint-Donat fut annexé au couvent d'Oulx qui était
composé d'un corps de chanoines riche et puissant. Le monastère,
situé à l'entrée du Piémont, au versant des montagnes du Brian-
çonnais, s'était enrichi, tour-à-tour, des libéralités des princes
du Piémont et de ceux du Dauphiné (2). Saint Hugues, après
avoir pris l'avis de son chapitre, concéda à Lantelme, leur prévôt,
le 6 des Ides de février 1106, les églises situées dans le mandement du château appelé *Cluse,* savoir : l'église de Saint-Chris-
tophe, celle de Saint-Martin et la chapelle du château avec leurs
dépendances. Cette donation était faite à condition que les chanoines d'Oulx seraient toujours fidèles au donateur ainsi qu'à
ses successeurs de l'église de Saint-Donat. Il retenait ainsi pour
lui et ses successeurs sur les mêmes églises un cens annuel de
12 sétiers de blé et 14 sous, qui devaient lui être payés à
Grenoble (3).

Pascal II terminant, en 1107, l'affaire litigieuse de Salmorenc,
conserva à l'évêque de Grenoble la prévôté de Saint-Donat. Saint
Hugues voulut que les chanoines de Saint-Donat, en la vacance du

(1) Chorier, p. 191, 2 et 138.
(2) Chorier, p. 251.
(3) Cartul. d'Oulx, 480, 199.

siége de Grenoble, prissent la gestion de la prévôté, sauf à rendre compte de leur administration aux évêques élus dans les formes Le prieur de Saint-Donat devait se rendre, chaque année, au synode tenu le jour où l'on chantait *Jubilate*, afin de montrer qu'il répondait du spirituel et du temporel de sa prévôté (1)

En prenant sous sa protection l'église de Saint-Donat, le pape Alexandre voulut aussi que l'ordre canonique sous la règle de saint Augustin, y fut maintenu, il lui accorda le droit de posséder et conserver ses biens et nomma, comme dépendances de cette église le lieu de Saint Donat, — les églises de Saint-Vincent, de Châte, de Saint Maurice, de Châte, de Saint Just, de Châte, de Saint-Férréol, de Châte, — L'église de Sainte Marie de Rattières, — l'église de Saint Bonnet et celle de Saint-Martin-d Août, l'église de Saint-Christophe-de Châlon, — celle de Saint Marcellin d'Arthemonay, celles de Saint-Didier de Maïsas et de Saint Maurice de Charais, — celle de Saint André de Montdeveroux, de Saint Romain de Chanteux et de Sainte Marie de Chrimes, enfin celles de Saint Pierre de Ver et de Saint Laurent de Bien Il permit au chapitre de garder dans son église les clercs libérés et les laïques convertis, mais il défendit à ceux qui y seraient reçus de s'enfuir sans lettre du prieur, ensuite il libéra l'église de toutes dimes ou premices dans les terres qu'elle faisait cultiver — l'autorisa en temps d'interdit général, à célébrer, à voix basse, les offices divins, lui accorda la liberté des sépultures, le droit de patronage, au spirituel, et de supériorité, au temporel, sur les églises précitées et enfin prit le prieur sous sa protection contre son ennemi, excommuniant quiconque, dûment averti, oserait violer sa charte qui fut donnée le 12 des kal de septembre 1179

Le 30 novembre 1318, Hugues, frère du Dauphin Jean II, baron de Faucigny, et seigneur de Saint-Donat et de Bellegarde, accorda de nombreux privilèges « aux hommes et femmes habitants de la ville, mandement et territoire de Saint Donat par ordonnance signée au château de Bonneville, sous le pontificat de Jean XXII, trois ans après la croisade *des Pastoureaux*, et l'affranchissement des serfs de la couronne par Louis X

Ces libertés formaient 34 articles bien distincts, dont les suivants sont seuls parvenus jusqu'à nous

1° Les habitants sont francs et quittes de toute taille, hôtes exaction, queste, angarie et parangarie, plaits, ouvrage, travail des mains et fourniture de foin, paille et bois — *et prestatione fœni, paleæ et lignorum*

(3) MARTIN, p. 14

2° Les biens des intestats passent à leurs proches agnats et cognats (1) Si les mourants ont disposé de leurs biens, leurs volontés dernières seront gardées, et nos officiers ne pourront rien exiger, bien que les testateurs soient accusés d'avoir emprunté ou prêté à usure — Toute saisie sera nulle, si les exécuteurs testamentaires ne veulent y satisfaire

3° Nul ne pourra inquiéter ceux qui prêtent à intérêt, ni rien exiger d'eux, à cause de ce commerce, soit pendant leur vie, soit après leur mort

4° Ceux qui, en détail, vendent à faux poids ou fausse mesure le vin, l'huile, le poivre le fromage et autres choses, seront punis du ban de 7 sous viennois, et de 30 sous s'ils vendent en gros

5° Tout individu surpris en flagrant délit d'adultère, lorsqu'il y a la circonstance du lieu et de la qualité de personne mariée, payera à notre châtelain 60 sous, et, s'il ne le peut, il sera puni selon la coutume — Si le coupable n'est pas marié, il ne devra rien

6° Ils ne seront tenus d'aller qu'à nos chevauchées, — *calva catas nostras* — et ce, pendant huit jours consécutifs, à nos frais et dépens, s'ils demeurent plus de huit jours, ce sera à leurs frais

7° Ils ne seront pas tenus de rester dans nos limites — *stabilis vel stabilitatibus nostris* — (2)

8° Liberté pleine et entière leur est accordée de vendre, échanger et donner les possessions et propriétés qu'ils tiennent de notre domaine, en payant toutefois les usages dûs — En cas de vente pourtant nous nous réservons le droit de prélation

9° En cas de vente ou de donation, ils doivent à cause de l'investiture et non à cause du domaine direct

Pour un sétier de blé de cense	5 sous viennois
Pour un sétier de seigle	4 sous id
— un — d'avoine	3 sous id
Pour l'argent	double cense

et ce, nonobstant que nos châtelains aient, en pareil cas, exigé la double cense pour l'investiture

(1) Deux fils es co sa ou 4 soit agnats de s fier s intérits so l cogi ts Les agnats si u s co mpo nie t, l ns ll droit ron al t, la fami le le ale

(2) A moye i ag l l onnon t tr/c leme t l bre ; tous seigneu s, bou igeois, rl s is seils s ivai nt la co d l on du sol auq il da n iss a ce les av t t llachés ; e sorte, comme dit t ibly, que ch qui terre était ut e veri al le riso l our ses l abitants de la vi t la quali t ut o de mar nt, t ianers

Une de ces libertés avait rapport au ban de vin dont la durée n'était que de vingt huit jours, mais, durant onze jours, il appartenait à l'église de Saint-Donat, avec toute juridiction haute, moyenne et basse. A cet effet, le clergé descendait sur la place publique pour prendre possession des honneurs, prééminences, droits et privilèges dûs à la seigneurie de Saint-Donat, et nommait solennellement certains officiers qui s'emparaient des registres des assises de la justice, des clefs des prisons et de toutes les pièces des procès en instance.

On lisait ensuite la proclamation suivante :

« A la requête du procureur d'office des seigneurs, nous faisons défense à tous manants et habitants de ne jurer ni blasphémer le nom de Dieu, à peine d'encourir les peines des édits de S. M., sur ce fait — Item, de ne vendre à faux poids et fausse mesure, à peine d'amende, et de ne laisser paître le bétail pour endommager les prés et possessions, terres et vignes des habitants et de ne jouer aux jeux publics pendant que l'office divin se dira »

Le ban de vin et le péage étaient immédiatement adjugés. Le ban de vin se payait ordinairement 5 sols, pour onze jours, ce qui donnerait pour l'année entière environ 170 sols.

Ces libertés, dont on regrette de ne pas savoir la suite, avaient certainement leur importance. En affranchissant les habitants de Saint Donat de la taille et autres charges imposées au vilain, le baron de Faucigny se montra très gracieux, car ces charges pesaient lourdement sur le pauvre serf qui consumait inutilement, pour lui et les siens, sa vie et sa fortune. La taille levée par les seigneurs n'eut jamais d'assiette fixe : tout était laissé à l'arbitraire du maître qui taillait les serfs à merci et suivant ses besoins. L'argent étant rare et le commerce nul, le seigneur n'achetait rien, il se faisait tout fournir, même les meubles et ustensiles, par ceux qui lui payaient redevance, fers de cheval, socs de charrue, voitures et le reste — Tout lui venait de cette façon, jusqu'aux verres de cornes à boire, encore fallait-il, en certains lieux, que cette corne fût apportée par une jeune fille de dix huit ans, tout juste, ni plus ni moins.

Il se montra presque législateur en permettant aux mourants de disposer de tous leurs biens au gré de leurs désirs, et en obligeant ses officiers à respecter leur volonté dernière. Car on sait que ceux qui mouraient sans testament avaient leurs biens envahis par le seigneur. On sait aussi à quel point le clergé poussa les abus et la captation à l'égard des testaments que les prêtres pouvaient recevoir concurremment avec les notaires. Il fallait, en mourant, laisser quelque chose à l'Église, même un dixième de sa fortune, sous peine de damnation et de non-inhumation Châteaubriand, dans son analyse raisonnée de l'histoire de France, rapporte, qu'une pauvre femme offrit un petit chat pour racheter son âme

Mais il eut tort, selon moi, de permettre l'usure en la tolérant, car, au moyen âge, les usuriers étaient si nombreux que l'Église prononça contre eux l'excommunication, ainsi qu'on le voit par les actes du synode de Cologne, de 1300, du concile de Trèves, de 1238, du concile de Ravenne, de 1314, des statuts de l'église de Liège, de 1287, etc Le pouvoir séculier sévit aussi contre les usuriers ceux-ci furent souvent punis du bannissement et de la confiscation de leurs biens Il est vrai que les usuriers convaincus ne pouvaient tester et que les biens confisqués des clercs usuriers revenaient, non au roi, mais à l'évêque, comme on le voit par une charte de Richard Iᵉʳ, roi d'Angleterre, datée de 1190

Le seigneur de Faucigny, en permettant l'usure, eut sans doute en vue les Juifs établis à Saint Donat, ce qui ne les empêcha pas d'être massacrés vingt ans plus tard, *dans la combe Otei-naud*, par les habitants du lieu, qui, dans leur désespoir et leur superstition, accusaient ces malheureux des maux sans fin qu'ils souffraient depuis longtemps

Si, comme dans la loi mosaïque, on ne vouait pas à la mort l'adultère, quel que fût son sexe, en France, une des manières les plus générales et les plus anciennes de le punir consistait à faire marcher nus, par la ville, ceux qui étaient coupables — Cependant, dès le treizième siècle ceux qui étaient assez riches pouvaient s'y soustraire en payant une grosse amende On trouve même encore dans les statuts du concile de Trèves, tenu en 1238, la peine suivante portée contre les adultères — « Nous voulons que la punition des adultères soit publique, — les femmes porteront des cornes sur leurs épaules, un bâton à la main En vérité, le bâton de Faucigny se montra moins exigeant et plus galant

En 1337, les habitants de Saint Donat firent extraire la Charte qui contenait ces libertés, et la présentèrent au dauphin Humbert, fils de Jean II et neveu de Hugues, pour en avoir la première confirmation, qu'ils n'obtinrent de lui qu'en 1343, lorsqu'il les délivra du droit de vingtain, moyennant 200 florins d'or

La faiblesse et l'inconstance d'Humbert II avaient fourni aux rois de France, inquiets de voir les belles contrées du Dauphiné obéir à des princes dont la force centralisée pouvait devenir redoutable, l'occasion de s'en emparer En 1349, le dauphin, cédant aux pressantes instances de Philippe de Valois, abandonna ses états à la France mais il se réserva le bourg et le château de Saint-Donat qu'il annexa à ses terres ' « Garde, dit il, *toute justice*

*mère, mixte, impère, pour en faire et ordenner a toute notre
vouleuté, soit en églises ou autre part, le fief et la souveraineté demourant touz jours a celui qui sera dauphin, lesqueux
châteaux et villes de Saint-Donat Belle Garde, Montfort, etc,
ne sont, ne doivent être en marche ne en frontière, et ne y est
mis, ne doist être noblesse de comté ne de baronie, mais en
autres choses et lieux qui tout prises à moins de damages pour
le Delphiné etc (1)*

En partant pour la croisade, Humbert assigna, sur Moras, en
1345, les dix livres de rente que Jean, son père, avait léguées
au prieur de Saint-Donat

XII

Voici une partie des fiefs et des rentes donnés par Boson et ses
successeurs, faisant la portion du prévôt de Saint Donat

Etienne Ruffa, pour sa maison, doit	5 deniers
Gerald Lazia pour sa vigne	6 deniers
Id pour sa terre des fabriques	6 deniers
Bernard Servient, pour son cultil	8 deniers et 1 poule
Robert, pour son cultil	12 deniers et 1 poule
Guigues Chaix, id	12 deniers et 1 poule
Ern endrix, id	6 deniers et 1 chapon
Maurice id	5 deniers
Virelme, id	6 deniers
Silvion Tardy, id	8 deniers et 1 chapon
Gerald Escarrier, id	6 deniers et 1 chapon
Rosset, id	7 deniers
Armand, id	9 deniers et 1 chapon
Etien des Borties id	6 deniers et 1 chapon
Usance Borel, pour sa maison	4 deniers
Vital Gerin, pour son cultil et sa maison	9 deniers
Marie Della, pour sa maison	2 deniers et 1 chapon
Adon, id	2 deniers et 1 chapon
Reynaud Vaudène, id	4 deniers
Pierre Meyssoniat, id	4 deniers
Ides de Lupo, id	5 deniers
Jean Casorius, id	6 deniers
Gerbert Beton, id	2 deniers
Blain, pour son cultil	6 deniers et 1 chapon
Borellus Episcopalis, pour ses cultils et case-ments	2 deniers et 3 chapons
Benoit l'Elbessé, id	4 deniers et 1 chapon
Villermo Brus, pour ses cultils	4 deniers et 2 chapons
André du Pont	8 deniers et 2 sous
Barret, pour tènement du pont	1 chapon et 5 sous
Id du bourg	12 deniers et 1 chapon
Durand Chaix, pour cultil	20 deniers et 1 chapon
Id pour son cellier du bourg	12 deniers et 1 chapon

4

1 orel Sibod, pour ténement du pont	2 chapons et 7 sous
Etie ne Pél sier, p ur sa v gne	12 deniers
J seph de Royon d Eg ls pour la terre d Es	
gals qu il tie t de l évêque	4 der ers
Ardei t pour sa maison	4 deniers
Didier de Ruse de Rif po r son te en cnt	6 du ters et 1 chapon
Guillaume Reb fas, pour la teire qu l tieit de	
l évêque	21 den ers et 1 cl apon
Gaut er pour sa teire	5 del iers
Villerme, pour sa vigne de Chantesse	3 deniers
Id pour une autre y ter ai t	3 den ers
Chabert Escofier, pour sa ma son	12 de ers et 1 cl apon
Gaut ier de Pise j où sa ter ure des f briques	
sa vie durant	12 den ers
Etienne Boven	18 d niers
Belon de Mirul	7 deniers
Elie de Mirul	7 den iers
Pie re Maribert	9 de iers
Etienne Redeb n	12 den ers
Le bourreau de l évêque pour les mouli s	6 setiers de blé 6 de seig
Jean G oer et Etienne Pedebor (pied de la f	
ou r itelet)	12 sétiers de blé
Etien e Truchers	1 cl apon 3 set de blé
Richard, prêtre de Bre	5 sét de blé bien propre
Villerme Brus	4 sétiers de blé

Total 45 sous, 1 demei, 27 chapons, 30 sétiers de blé et 6 de seigle

Quant à la dîme, saint Hugues fut obligé, pour la retirer des mains des séculiers, de payer des indemnités

Aymar de Morenc, fils de Geoffroy, avait la moitié du blé, de la viande, du vin et autres choses sujettes à la dîme dans la paroisse de Saint Donat — Il la restitua à saint Hugues, du consentement de ses frères Beilion, Archard, Geoffroy et Guillaume Silvion, de Charmes, qui la tenaient de lui Silvion de Vireu avait la dîme du vin Pour avoir la dîme du blé et de la viande, l'évêque donna à Aymar 1050 sous, et, pour la moitié de la dîme du vin abandonée aux chanoines, le prélat eut à payer 50 sous Cet accord eut lieu le 3 des des ides de juin 1108, la 28e année du pontificat de saint Hugues

Guillaume Silvion reçut 5 sous de l évêque pour le désistement de ses droits sur ladite dîme qu il tenait d Aymar de Morenc, et les fils de Silvion, Geoffroy et Aymon, qui avaient la dîme du blé et de la viande, l'abandonnèrent aussi à l évêque, moyennant 20 sous

Geoffroy de Morenc tenait cette dîme des évêques de Grenoble, il l abandonna a Guillaume Silvion de Charmes, Geoffroy, fils de Silvion, avait la moitié du vin, et Aymon la moitié de la viande, — ensuite, Silvion de Vireu avait la moitié du vin comme le tenant de Geoffroy et d'Aymon — De Guillaume Silvion, Pierre Muschelin et sa sœur Hélène tenaient la moitié du blé, de ce Pierre Muschelin, Gérard Chalvet tenait une part des légumes et du chanvre — *milii*, *panitu sive legiminis*, et Humbert Roux, la moitié des poules

Silvion de Vireu, son épouse, Sisbod et Hugues, son fils, en se désistant de leurs droits, reçurent 40 sous des chanoines et 8 sétiers de blé de l évêque

Pierre Muschelin eut 5 sous pour son désistement Hélène, sa femme, et ses fils Rostaing et Pierre, Robert et Guillaume, eùrent 60 sous pour le leur — Gérard Chalvet eût 10 sous, Roux, 12 deniers et un sétier de blé — (11 juin 1109)

De leur côté, les chanoines, qui avaient aussi des portions de dîme, abandonnèrent tous leurs droits en faveur de l évêque Hugues, ainsi que le fief d une dame de Pise qui devait annuellement un quartal de miel de cense, mais l évêque leur abandonna le manse de la fontaine, en se retenant toutefois, je ne sais vraiment pourquoi et à quel titre, *les lits de morts*, *lectulos mortuorum* Ce traité eut lieu en présence de I iotard, *borrelli epis copalis*, que, dans la basse latinité, les uns traduisent par bourreau et les autres par bourrelier

Borellus, d'après l abbé Barthélemy, veut bien dire bourreau quelquefois, mais, selon lui, le borrelus episcopalis n était point le bourreau de l évêque, *c était son bourrelier*, malgré Pilot et ses copistes (1)

Je crois que le docte abbé est induit en erreur par des motifs de convenance qu'il devrait pourtant sacrifier à la vérité Il lui répugne de croire, à lui, abbé, qu'une tache de sang humain ait pu souiller le camail violet des évêques d autrefois — J'aime à le croire, comme lui, bien que je me souvienne du mot infernal de l abbé de Cîteaux, assiégeant Béziers !

Les évêques, comme possesseurs de fiefs et comme investis de la plupart des droits de souveraineté, par les chartes des empereurs, avaient leurs tribunaux particuliers — Ils devaient avoir, par conséquent, leurs exécuteurs des hautes œuvres, car, ainsi que le dit Ferrière (comme la justice serait inutile si elle » demeurait sans exécution, il a donc fallu qu elle eût un ministre qui exécutât ses ordres et fît subir aux criminels les peines » auxquelles elle les condamne,

D'ailleurs, le préjugé d infamie qui s'est attaché à la personne du bourreau n'existait pas alors, on voit même, par une foule d actes anciens, que ces fonctions étaient exercées par des officiers qui avaient une certaine importance sociale

On a dit qu'en I rance les seigneurs hauts-justiciers n'avaient

(1) Ant Dauph 11, 77-78

point de bourreau, et qu'ils étaient obligés de recourir aux exécuteurs de la justice du roi — Cela est vrai pour les temps modernes, — mais au douzième siècle et avant, observait on de semblables règles?

M Barthélemy donne pour raison que ce borellus est témoin d'un acte, en 1178, avec le maréchal de l'évêque ou commandant de ses troupes, et signe avant le maréchal Cela conviendrait il à un bourreau? s'écrie t il, dans un mouvement de sainte indignation — Eh ! bon Dieu Monsieur l'abbé, cela conviendrait il mieux à un boucher?

Les évêques n'ont jamais eu de bourreau conclut M Barthélemy (Albert du Boys) p 470, — mais les chanoines, mais saint Hugues mais l'abbé Martin mais Chalvet ont fort bien traduit *borellus* par *bourreau* et ce mot revient à diverses reprises dans les actes qu'ils citent

Jean Borel, en latin *Borellus* l'un des principaux mathématiciens du seizième siècle, né à Charpey, au Valentinois, se fit appeler *Buteo*, changeant ainsi son nom de Borellus « *à cause de sa signification odieuse de bourreau* » Or, si Borellus ne signifiait que quelquefois bourreau, à quoi bon, cher Borel, changer de nom patronymique?

(1) Dussy — p 364

Comme on le voit, les rentes données par Boson au prévôt de Saint Donat étaient considérables Elles augmentaient même chaque année par suite de l'albergement ou bail emphytéotique qui en était fait.

Pierre, évêque de Die, qui négocia cet accommodement, en prépara un autre, de concert avec l'évêque de Viviers, entre le comte Guigues et l'évêque de Grenoble

L'évêque se plaignait du comte Guigues au sujet du château de Montbonnod, des églises, cimetières, décimes, épousailles, — *Sponsalitus* — que le comte s'attribuait et de plusieurs autres empiétements de son fait ou de ses prédécesseurs — Le comte relâcha les clercs de l'évêché de Grenoble et rendit à saint Hugues les enfants — *liberos* — et les biens de l'église de Saint Donat On lit entre autres choses que le comte donnait à l'évêque *un bourgeois* appelé André, avec sa maison et un autre *casement* où le chapelain de l'évêque ferait sa maison, — septembre 1116

On ne trouve pas d'autres restitutions à l'évêque, relatives à Saint Donat, — au contraire les successeurs du comte y augmentèrent considérablement leurs revenus au détriment de cette église

En mai 1423 Léger de Claveux Pierre Mallen Jarente Roux, sa mère et son épouse Léger, pierre et Silvion de Claveyson abandonnèrent toute la terre des fabriques au Seigneur, à la sainte Vierge, à Saint Donat et à Hugues, évêque de Grenoble, selon l'adjudication qui lui en avait été faite, à Romans, pour son droit d'évêque. — Parmi les témoins se trouvent encore Odolric, procureur de l'évêque, Athenulphe Gadanioli, *borellus episcopalis*, et Pierre de Saint André, maréchal de l'évêque.

Pour le *déguerpissement* léger de Clérieux eut 100 sous, Pierre Mallen, 220, Jarente et ses frères, Léger, sa mère et son épouse, 140 sous, et Silvion de Claveyson, 40 sous

La terre des Fauries reconnue en garenne par les chanoines de Saint Donat à l'archevêque de Vienne, jouissait encore, en 1618, de tout l'apanage du prévôt, apanage que saint Hugues avait cependant retiré à prix d'argent des mains de ses usurpateurs. Il paraît, néanmoins, que les chanoines en possédaient une partie qu'ils convertirent en garenne

Le successeur de saint Hugues prit, avant la mort de ce prélat, possession de la prévôté de Saint Donat et reçut le dénombrement de ce fief. Richard de Moras reçut aussi de l'évêque de Grenoble des vignes, champs, terres, casements et les moulins de Colonge, mais Richard s'étant fait moine, certifia que Hugues II, évêque de Grenoble, avait seul droit à ce fief

Saint Hugues avait déjà reçu, depuis longtemps, d'un nommé Gotafren Vilheux, de Saint Donat, et sans indemnité, *illud prandium sive recepte quod per malam consuetudinem predictus Gotafredus accipiebat ab hominibus episcopi pro decimâ de condaminis comitis,* — et Aitmannus Rascas, époux de Villicia, fille de Gotafren, avait abandonné le *repas* que son père recevait de la dîme des condamines des hommes de l'évêque Hugues

Geoffroy de Moirenc, guerroyant avec Odilon de Châteauneuf, détruisit plusieurs vignes à Saint Donat, quoique Geoffroy de Moirenc et ses fils tinssent de l'évêque de Grenoble, prévôt de Saint-Donat, tout ce qu'ils possédaient dans les mandements de Saint-Donat et du château de Charmes, suivant la déclaration d'Odon de Bren, surnommé Odosnol « qui fut chanoine régulier, à Saint Donat, sur la fin de ses jours »

Geoffroy possédait encore, au quartier *des Révous*, des terres et une chataigneraie de l'évêque de Grenoble et du prévôt de Saint Donat, d'autres terres et vernaies près de l'Herbasse et une poterie — *olcha* — jointe à une terre de Gibert Bethon. Il possédait encore un cultil près de celui de Silvion de Vireu, — les terres et bois entre le merdaret et le chemin de Colonges, — les terres de Colonges, *ubi est notarius et terras super duas sorores,* séparées par les propriétés de l'évêque, — une terre près de Roche Seche un champ à Chantesse et des treillages aux Villates. Tous ces droits lui venaient de l'évêque, à l'exception d'un moulin et d'autres terres, *plantaria*, qui restaient en commun avec le chapitre, et d'une maison qui lui avait été cédée par les chevaliers de Clérieux

L'évêque donna encore en fief à Gérard Chalvet un vernaie et des terres aux Avenières, une vigne située entre le cloître et le mordaret et des terres à Colonges, en compensation des vignes qui furent détruites par Geoffroy de Moirenc

Pierre Meschelm reçut aussi de l'évêque la maison de Vital Géim et deux autres maisons près du four Saint-Pierre

Enfin, Aquin, chanoine de Saint-Donat, reçut du prévôt une maison ayant appartenu à un nommé Richard Crose Ainsi se divisa le fief du chevalier Geoffroy qui conserva néanmoins quelques terres autour de Saint-Donat, mais à la condition que le fief concédé au clerc Adhémar reviendrait à l'évêque à la mort du titulaire

Berlion de Moirenc confirma, en 1209, les immunités et privilèges accordés aux habitants de Moirenc par Geoffroy, l'un de ses ancêtres (1)

Le 18 décembre 1241, Geoffroy de Moirenc fit hommage à Jean de Bourmin pour les châteaux et terres de Rattières et de Châteauneuf-de-Galaure (2)

Ces deux fiefs étaient rendables de l'église de Saint-Maurice, et, en 1277, Guillaume de Moirenc fit un semblable hommage à l'archevêque de Vienne, Guy d'Auvergne — Aynarde de Moirenc, fille de Guillaume de Moirenc, seigneur de Châteauneuf de-Galaure, veuve d'Aymon de Montagne, épousa, en 1336, noble Jean Berard, fils du chevalier Odon, seigneur de de la Forteresse Ce Jean Berard testa, en 1337, et, entr'autres legs, donna sa maison forte de la Forteresse à son « chei » cousin, Jean de Temps, et choisit pour ses exécuteurs testamentaires, Floccard Berard, prévôt d'Oulx, et ses cousins Leouzon de Lemps, prieur de Saint-Donat, Raymond Leouzon, chevalier, et Sibond de Virieu (3)

Devenue veuve une seconde fois, Aynarde donna sa main, en 1341, à noble Guillaume de Palladru L'acte de ce dernier mariage fut expédié ensuite d'une autorisation octroyée par Humbert Marchand, docteur en droit, chanoine de Vienne et de Romans, official de Vienne à Saint-Donat, et vice gérant, à Romans de l'archevêque et comte — 1357 (4)

Comme je l'ai dit, les églises des campagnes étaient devenues

(1) COLLOMBET, 11, 112 13, — VALBONNAIS, I, 17
(2) COLLOMBET, II 138
(3) Archives du Châtelard
(4) *Ibid*

la proie des seigneurs qui s'en attribuaient les dîmes, oblations, prémices et droits de sépulture Geoffroy de Moïenc avait vendu à saint Hugues les églises de Saint Donat et de Charmes, après avoir ravagé les terres de l'évêque bien plus dans son intérêt que par amour pour le comte d'Albon, Guigues, dont il était le vassal (1)

Berlion de Moïenc, fils ou petit fils de Geoffroy, accompagna le comte Guigues dans son pélérinage en Galice (2)

Guillaume de Moïenc, seigneur de Châteauneuf et de Rattières, fit, en 1283, hommage à l'église de Vienne, et vendit, l'année suivante, le fief de Mureils, pour lequel un nouvel hommage eut lieu de la part de l'acquéreur (3)

XIII

Le 4 des ides de mai 1289, Guillaume de Almenia, commandeur de la maison de l'hôpital du Laris, agissant en son nom et au nom des frères de l'ordre de Saint Jean, céda à Falques Bernard et Boniface Regnier, chanoines de Saint Donat, à perpétuité et sous le cens annuel de 20 sétiers de blé, mesure de Romans, les terres et propriétés que la maison du Laris possédait près de la Grange de Saint-Donat appelée *Chanteux*, depuis la croix de Montaure, en suivant le chemin du Laris, jusqu'à la terre de Lantelme Agnier, limitant le bois de Fraissil et la Limone, et, en suivant le chemin de Saint Antoine, jusqu'à la roche de Bordoyne et la terre de Pierre Ardoen de Montyrat et la combe du bois de Fraissil

Le commandeur échangea aussi avec les chanoines diverses censes qu'il levait dans l'étendue des limites de son domaine, contre d'autres censes levées ailleurs

Censes du commandeur du Laris

5 quartaux de blé, par Hivolat, pour terres à la noyeraie de Chanteux;

3 émines de seigle, par Fabrica, pour terres à Chanteux,

(1) CHORIER, 11, 14, 15
(2) *Ibid* 15
(3) VALBONNAIS, I, 232 — II, 27-8

1 émine de seigle, par Louis Tatevin, près du champ de Poncel d Hautervies,

1 sétier de blé, par Barthelemy Gontard, au champ de la Zonze, près de la combe de Fraissil

Censes des chanoines de Saint-Donat

1 émine de blé, par Jean Chapellan, pour vigne à Saint Christophe du Bois,

3 quartaux de blé, par Jean Buffet, au dit lieu,

1 quartal de blé, par Pierre Badin, du dit lieu,

1 émine de blé, par Guillaume de Chamot, du même lieu,

1 émine d avoine, par Jean de Fabrica, du même lieu,

1 émine d avoine, par Jannet Chamillard, du dit lieu,

2 sous par Etienne, fils de Jean Pont

Et 6 deniers, par Guillaume Chamillard, pour terre à Jallieres

Le commandeur se réserva pour les bestiaux de sa maison et de ses hommes, le droit de pâture sur les propriétés accensées et échangées sauf le cas où elles seraient cultivées

Enfin le prieur de Saint Donat, Guigues Bernard, approuva cet acte rédigé et reçu par le notaire Jean de Pontisara, dans la maison de l hôpital du Tains, en présence de Romanet de Montchenu, damoiseau, et de Bernard Suard, Lantelme Rocha et Guiaud de la Forest

Le 1er octobre 1284, il intervint entre Guigues Bernard, prieur, et les chanoines de Saint-Donat — Geoffroy, prieur de Châtel G D, prieur de Saint Bonnet de Galaure, Guillaume Bernard, Boniface Reymier, Hugues de Vivieu, Pierre Bernard, Hugues de Vienne, Pierre Hérère, Jacques de Vinay, Jean Fayn et Guigues Galbain, un traité assez singulier avec le sacristain Martin Odon

Il fut convenu

1° Que les deniers recouvrés ou à recouvrer du trésor de Saint-Donat seraient gardés dans un coffre à trois clefs, l une au prieur, l autre au couvent, et la troisième au sacristain, jusqu à ce qu ils fussent employés pour l utilité commune,

2° Que le sacristain ne percevrait pas les 16 deniers de cense donnés à l église de Saint-Donat par Pierre de Arha, archiprêtre de Romans,

3° Que le sacristain, après avoir pris l'avis du prieur, *ferait faire les travaux nécessaires a l église*, à la condition que le prieur nourrirait comme les chanoines, le maître de l œuvre (l architecte) et comme les domestiques, son garçon (*et garsioni dicti magistri in abo familiæ*),

4° Que le prieur et la maison fournissent au sacristain de l'avoine pour son cheval, trois fois l'an ;

5° Que le prieur ni le sacristain ne vendraient du pain ou d'autres choses dans l'église ou le cimetière, ni le laisseraient faire par d'autres, de manière à ce que les oblations ou revenus de l'église en souffrissent, et nul autre dans ces lieux ne devait vendre du pain ni des cierges, au détriment des dites oblations — *Quod nec prior, nec sacrista amodo teneant aliquod forum panis, seu rerum aliarum in dictâ ecclesiâ vel ejus cœmeterio, nec alteri faciat, vel alteri procuret aliquid, modo aliquo, vel ratione quâcunque quod nocere possit coram altari vel oblationibus seu proventibus ecclesiæ supradictæ, nec alii pariter valeant in dictis locis panem vendere nec candelas, ne dictæ oblationes valeant aliquatenus deperiri* — p 99, verso

6° Qu'à la mort du sacristain, le prieur, *avec les biens propres du sacristain*, apaisera les cris du défunt — *Clamores sacristæ debeant sedari*

7° Que le sacristain, pour payement d'un mort, à moins qu'il ne fut chanoine, clerc ou convers et noble de l'endroit, ne devait pas fournir une étoffe de soie, *de serico*, que si quelqu'un en mettait sur un mort, il fallait la garder pour l'église, et si l'étoffe était plus *vile*, elle appartenait au prieur

La leçon n'a pas été perdue ; elle s'est même transmise, par tradition ou instinctivement, jusqu'à nos jours, et l'on a vu, naguères, un homme revêtu d'un caractère auguste oublier, au bord d'une fosse, que ce n'est pas là que nos inégalités sociales sont appelées à se montrer, car il y a aussi des vers dans les tombes de marbre !

8° Que le sacristain ne doit donner aux serviteurs que ce qui vient des offrandes ou oblations des jours de fête,

9° Qu'on devait donner au sacristain toutes les oblations en deniers et cierges, des messes du premier jour de Pâques, de Pentecôte et de Noël, et la moitié des autres jours, sauf quelques cas exceptés,

10° Que le sacristain devait fournir les cierges de l'enterrement des chanoines et convers, s'ils ne laissaient pas des biens propres, auquel cas les cierges étaient achetés par le prieur et rendus au sacristain,

11° Que ce dernier ne devait fournir au cellerier des chandelles que depuis la Toussaint jusqu'au mercredi des Cendres, au temps des vendanges et à l'arrivée de quelque étranger Hors ce temps, il fallait nécessité évidente pour qu'il fut tenu d'en livrer Toutefois le prieur recevait tous les soirs une chandelle d'un demi pied et deux doigts de long Le luminaire de l'église

devant saint Jean-Baptiste, saint André, saint Donat et la
sainte Vierge regardait le sacristain, ainsi que le luminaire du
chapitre et du dortoir. Il avait la garde de tous les livres des
chanoines qui mouraient. Tous les dons et legs appartenaient
au prieur, excepté ceux qui étaient faits au sacristain ou par des
étrangers. Le sacristain devait annuellement donner à chaque
chanoine, les prêtres exceptés, douze deniers, *pro rasura et
sanguinis minutione*, pour se faire saigner. Le prieur devait
pourvoir, la première année, tous les *clergeons* en souliers
(*sotularibus et solernis*), passé cet an, si le clergeon devenait
clerc, il avait droit à 15 sous, s'il passait ensuite *esclaffard*, il
avait 20 sous jusqu'à ce qu'il fût du grand chœur, il recevait
ensuite son habillement complet. Le prieur n'était nullement tenu
de fournir la moindre chose aux hôtes ou aux garçons du
sacristain.

La fin de ce traité manque au manuscrit de Chalvet, et c'est
dommage ; mais on trouve immédiatement après que le
chapitre de Saint-Donat, révisant, en 1305, les anciennes cons-
titutions, régla

1° Que tout clerc du chœur de son église qui se rendrait
coupable de vols serait exclu du chœur et privé de sa rétribution ;

2° Même punition pour celui qui, ayant une concubine ou
une femme entretenue, dans ou hors la ville, ne se corrigerait
pas après avertissement (*concubinam seu focariam suis propriis
sumptibus et expensis*) ;

3° Semblable punition pour le clerc qui s'immiscera dans
les affaires séculières, qui travaillera la terre de ses mains, con-
duira des animaux chargés de bois, d'engrais, assistera aux
marchés publics, portera publiquement un tonneau (*barral*)
sur ses épaules, sauf pour les dîmes, après avertissement ;

4° Celui qui vendra du vin, lui même, jouera ou boira
dans les auberges, sera, après avertissement, puni de la même
peine ;

5° Même punition pour celui qui ne se soumettra pas à la
décision du prieur dans les contestations qu'il pourrait avoir avec
ses collègues,

6° Encore même punition pour celui qui battra ou calom-
niera un chanoine, ou causera du préjudice à son église,

7° Tout clerc, en entrant dans le grand chœur, jurera d'observer les statuts faits par le prieur et le chapitre ;

8° Tout clerc usurier, qui, après avis, ne se corrigera pas,
sera exclu du chœur et privé de sa rétribution,

9° Tout clerc est tenu d'assister aux offices des anniversaires
et fêtes doubles ; et l'absence, en certains cas, est punie de la

privation de la rétribution, — les clergeons absents sont punis par le capiscol,

10° Les clercs et chapelains forains doivent aussi assister aux offices des anniversaires et fêtes doubles, à peine de privation de rétribution,

11° Les rétributions perdues profitent à l'église,

12° Les chantres, diacres sous-diacres et thuriféraires absents de l'office sont punis par le prieur,

13° Les chapelains et les clercs ne doivent pas marcher dans Saint-Donat revêtus de leurs surplis, *nec eant sine caligis*, et ils salueront les chanoines qui passeront,

14° Au son de la cloche, les chapelains seront dans le cloître, en surplis et sans capuce — *ne caputium debeant deportare*

15° Le chapelain de Saint-Donat et son clergé doivent assister à matines, à la grand'messe et à vêpres, à moins de raisons légitimes,

16° A la mort d'un clerc du chœur et de la ville, les autres clercs iront, lors de ses funérailles, le chercher chez lui, en grande pompe, avec la croix et les chandeliers d'argent, le porteront, l'enseveliront avec décence et éclat;

17° Jusqu'au troisième degré de parenté, le couvent, les chapelains et les clercs iront à la maison des parents défunts des chanoines, avec la petite croix et les chandeliers de laiton,

18° Aux anniversaires, on portera la croix et les chandeliers d'argent,

19° Ceux du dehors qui feront des fondations perpétuelles dans l'église, seront ensevelis par le prieur et le sacristain en grande pompe, et les frais seront attribués à l'église,

20° Nul ne pourra être enseveli dans le cloître, s'il n'a fait une fondation perpétuelle,

21° Il est défendu d'aliéner ou prêter les coupes et verres où boivent les chanoines;

22° Lorsqu'un clergeon passera dans le grand chœur, il devra donner une chape de soie ou d'étoffe dorée,

23° Le clerc courrier ne pourra être établi que le jour de Saint-Donat, et après qu'il aura rempli certaines conditions relatives aux anniversaires (1)

Puisque nous en sommes au chapitre des chanoines, disons, sans craindre d'anticiper sur les évènements, que le 8 mars 1395, Jean Bigot, prévôt d'Oulx, et Béatrix de Genève, comtesse de Saluces et dame de Saint Donat, assistaient à la transaction faite entre les syndics et procureurs de la communauté de Saint-Do-

(1) Manuscrit de CHALVET, p 104 et suiv

nat, Reymond Rosseraie et Pierre Faucherie, d'une part, et d'autre part, Pierre Béroard, prieur, Athenulphe Robert, capiscol du prieuré

D'après cette transaction, les syndics et procureurs et la communauté de Saint Donat, doivent payer au prieur, pour acheter des censes et revenus perpétuels, huit vingts (160) florins d'or, « monnaie courante, bon poids, comptés à raison de 3 francs pour 4 florins et deux écus d'or pour trois, payables 80 florins à la prochaine fête de saint André, apôtre, les 80 restants, l'année suivante, à pareil jour » — Tous les habitants de Saint-Donat doivent être, à perpétuité, exempts de tout payement et livraison de lit (cubilis seu lecti), et du droit de terrage ou de cimetière, sauf pour les arrérages dus à ce sujet au prieur par les héritiers des défunts — Ce droit de terrage était de 4 gros d'or Il se percevait ailleurs qu'à Saint Donat; un arrêt du parlement de Toulouse, du 27 novembre 1542, défendit aux chanoines de Saint-Sernin, de ne rien exiger pour les sépultures, terrages et enterrements, « outre ce qui, par dévotion, leur sera offert (1) » Arrêt rendu dans le même sens, 1562, contre les chanoines de Saint Germain l'Auxerrois (2)

Les couvertures ou draps, coperturæ seu coperturæ, mises sur le corps des personnes décédées, par leurs parents ou amis, appartiendront à ceux-ci, lorsqu'ils ont enseveli les défunts dans les Eglises de Saint Donat

Les syndics exigent du capiscol, au nom de son bénéfice, 50 florins d'or, aux termes ci dessus fixés, et cela, sans doute, à cause de l'abandon qu'il faisait des couvertures des morts! — A partir du jour de la transaction tout habitant des lieu et paroisse de Saint Donat qui se mariera, doit, avant d'épouser devant le curé du lieu, qui était pris parmi les membres du prieuré, obtenir du capiscol des lettres d'épousailles, et, pour ce, lui payer seulement un bon gros d'or et demi! c'est-à-dire, environ 40 francs de notre monnaie courante, — ce droit ne serait-il pas, à peu près, le Jus cunni ou droit de battre monnaie de M Veuillot? — Moyennant cette modique somme, ajoute la transaction, ils seront quittes et francs envers le capiscol Cette clause ne semblerait elle pas indiquer quelque autre droit, celui par exemple qui faisait dire à la fiancée de Figaro, que si M le comte ne l'eut pas aboli, elle ne se serait jamais mariée dans ses domaines?

Le comte Guigues, comme on l'a vu, avait aussi des droits sur les mariages

(1) PAPON, liv 1 1 tit, ar VII, p 26
(2) Ibid p 26

Un arrêt du 1ᵉʳ mars 1401, « ès évêques d Amiens et curés d'Abbeville, » régla ainsi les rétributions du clergé, vis à-vis du mariage

Lettre de ban	1 sou parisis
Congé d épouser en une autre paroisse	1 sou tournois
Consécration nuptiale	15 deniers
Pour l instrument et lettre d épousailles	2 so 6 deniers
Messe	Off in le libro ou conventionnelle
Bénédiction de la chambre des épousés	10 deniers parisis

« Et les épousés peuvent coucher ensemble, la première nuit, sans scrupule et sans avoir congé (Papon, liv XV, tit IV, arrêt I, p 852, p 3)

Autre arrêt du 19 mars, cité par M Veuillot (p 455 et suiv) sur les plaintes des habitants d Abbeville, qui se plaignaient de ce que les curés exigeaient pour

Les fiançailles	2 sous
Les bans	28 deniers
Le congé d épouser au dehors	28 deniers
La messe des époux	3 sous parisis
Les offertoires	10 ou 12 sous
La bénédiction du lit	2 sous
Et le congé des trois premières nuits	10 12 20 et 30 francs
	(VEUILLOT, 455)

Enfin, cette transaction portait que les arréiages dus au capiscol lui seraient payés, et, qu à ces conditions, la paix et le bon accord seraient rétablis (1)

XIV.

Le prieur Sibond Allemand, devenu évêque de Grenoble, en 1450, releva beaucoup le prieuré de Saint Donat (2)

Déjà en 1428, le 10 du mois de juin, Sibond Allemand, n étant encore que prieur, le sacristain Jean de Cabanes, l aumônier Guillaume Beimond, les chanoines Jean Béroard et Johannin la Gonche, les chanoinets, parvi canonici, Jean Chan turier, le curé de Saint-Donat, Pierre Veuse, Guillaume Perrier, Vital Chauchat, curé de Bren, Antoine du Jardin et Jean Bochu, prêtres et clercs, les clergeons Jean Cusin, Antoine Botel et

(1) CHALVET fol 118 et suiv
(2) Ibid, folio 124, verso

Robert Chevalier, après avoir établi « vénérable Guillaume Perrier, prêtre, courrier, receveur des anniverssaires et de tous les biens du prieuré, » décrétèrent que le courrier devait nourrir comme il suit, les chanoines, prêtres, le petit chanoine et *le marnilier-refectorier*, savoir

« A dîner, *in prandio*, depuis la Saint-Jean-Baptiste jusques à la Saint-Michel, — les jours gras, — à chaque chanoine, un huitième de mouton de trois ans, *unam dimidiam quartam mustonis*, avec le jambon accoutumé (*cum petasone consueto*) — Ces viandes étant placées sur la table, et chaque portion dans un plat

« A souper, on servait aux chanoines une épaule de mouton et le reste des viandes du dîner Ce qui restait du souper appartenait au courrier »

De la Saint Michel à l Avent, chaque chanoine devait avoir, à dîner, les jours gras, la moitié *suchansiæ* de bœuf, avec le jambon d usage, et, une fois par semaine, à souper, de *archipot* et de *coltis ou celtis*

De l Avent à Noël, les deux premiers jours de chaque semaine, des poissons frais, ou deux *halecs*, et les autres jours et à chaque chanoine, un *halec* ou d'autres poissons valant un halec Le dimanche, il les pourvoit d'amandes, *de amandolis*, le lundi, de la purée, *(de pureâ)*, le mardi, de *soffrano* et des amandes; le mercredi, du riz, le jeudi, comme le dimanche, le vendredi, comme le mercredi, et le samedi, comme le lundi

Le dimanche, à dîner, des poissons frais, et, à chaque chanoine, *un hossum piscis* — A souper, un halec pour chaque chanoine

De la Septuagésime au mercredi des Cendres, chaque dimanche et chaque mardi, une poule pour deux chanoines, les lundi, mercredi et jeudi, de la viande de bœuf Le mardi gras, à souper, chaque chanoine avait une poule

En carême, il doit les pourvoir en poissons, amandes, riz et sausse, et, pour le reste, « comme en Avent »

A Noël, le prieur fournissait le pain, le vin, l huile et le bois, et le sacristain donnait les chandelles

De Noël à la Septuagésime, pour le gras, comme de la Saint Michel à l Avent

De Pâques à la Saint Jean-Baptiste, les jours gras, et à chaque chanoine, un huitième de chevreau avec le jambon d usage A souper, à tous les chanoines, un quart de chevreau avec du vinaigre, et les viandes du dernier dîner

Pendant toute l année, les mercredi et samedi, six œufs à chaque chanoine, en outre de ce qui était servi aux deux repas de ces jours là, du fromage à réflection, *du cru* et du pain après les œufs

Le vendredi, du poisson, si non du fromage et non des œufs

A chaque veille de fête annuelle, trois *ravioles* par chanoine, ou des poissons à défaut de *ravioles*

La rétribution accordée aux chanoines pour la messe matinale, était de 7 florins et demi, monnaie des anniversaires

Tous les prêtres, clercs et clergeons, au nombre de huit, doivent assister à matines, à la procession de la grand'messe, à vêpres, *et sequentibus* A raison de cela, chaque prêtre recevra, pour matines, 4 petits deniers, un pour la procession, deux pour la grand'messe et deux pour vêpres Les clergeons avaient 4 florins pour tout bien

Les absences pour cause de maladie ou raisons légitimes n'enlevaient pas leurs droits à la rétribution

Viennent ensuite quelques conditions accessoires, comme celles ci

« Le courrier doit aux membres du chapitre trois dîners, de gala probablement, savoir un à la Saint Michel ; un le lendemain de la Toussaint, et un à l'Épiphanie

« Aux fêtes annuelles, il doit pourvoir les quatre chantres, *pro cantura de companagio*, — Le prieur fournira du pain, et le sacristain, une amphore de vin, selon l'usage

« Il doit toujours y avoir, dans ladite église, comme en ce moment, huit prêtres, courriers et clergeons

« Si les anniversaires produisent annuellement plus de vingt gros, le courrier augmentera la rétribution

« Le prieur abandonne au chapitre tous les droits et actions sur les anniversaires, hors le cas où il n'y aurait pas de courrier

« Le prieur doit aussi fournir au courrier de l'huile, des légumes, quarante poules, un cuisinier et un souille au pot, *de coquo et soliardo*, et du bois, et aux chanoines, du pain et du vin — Enfin, un *manilier*, qui serve aux offices divins et à la table des chanoines, et un autre manilier, pour le service du clocher

« Le chanoine qui s'absentera avec permission, ne perdra pas sa rétribution, et lorsqu'à son retour, il viendra avec son serviteur, il devra avoir son dîner au réfectoire

« Enfin, chaque prêtre aura, à cause de ces anniversaires, 18 gros

Certes, ce n'est pas moi qui écrirai au frontispice du réfectoire des chanoines cette épigramme rugissante que saint Pierre adressait aux corinthiens.

« *Tanquam leo rugiens, circuit quærems quem devoret* »

L'historien, quelque infime qu'il soit, doit toujours se souvenir de ces deux règles, qui sont comme le code fondamental de toute histoire,

4

« *Nequit falsi audeat scribere , nequid veri non audeat* »

Le mot chanoine, qui vient du grec, veut dire celui qui vit sous une règle Saint Chrodegand, évêque de Metz, composa vers l'an 760, une règle pour son clergé, qui fut depuis embrassée par plusieurs autres Eglises Cette règle est tirée de l'Ecriture Sainte, des conciles, des canons, des écrits des saints Pères, et formée sur la règle de saint Benoit, qui lui servit de modèle

« Mais l'observance s'étant relâchée, dit Fleury dans ses institutions du droit ecclésiastique, et la vie commune ayant cessé, les chanoines ne laissèrent pas de faire toujours corps, conservant une petite partie de leurs biens en commun et leur logement près de l'église Ils prétendirent n'avoir d'autre fonction que la célébration de l'office, toutefois, ils s'attribuèrent les droits de tout le clergé, et d'être le conseil nécessaire de l'évêque, de gouverner pendant la vacance du siége, de faire seuls l'élection »

Plus tard, dit Longueval dans son *Histoire de l'Église Gallicane*, la réforme des chanoines et des chanoinesses avait attiré l'attention de Louis le-Débonnaire Les uns et les autres étaient tombés dans un relachement qui déshonorait la religion Pour les rappeler à l'esprit de leur état, l'empereur proposa au concile de Mayence (816) de faire une collection exacte de tout ce qui était marqué dans les conciles et dans les SS Pères, touchant la vie et les devoirs tant des chanoines que des chanoinesses V 469 — Le diacre Amalaire recueillit, des écrits des SS Pères, tout ce qui regardait les chanoines, et les évêques approuvèrent son recueil en y ajoutant plusieurs articles Cette règle des chanoines contient 145 chapitres dont 113 sont extraits des Pères et des conciles sur les devoirs des clercs

» L'institut des chanoines est le plus parfait, et ils doivent vivre d'une manière convenable à l'excellence de leur vocation Car quoique les canons ne défendent pas aux chanoines de porter du linge, de manger de la chair, d'avoir des biens en » propre et des biens de l'Eglise, ce qui est entièrement dé-
» fendu aux moines, les chanoines ne doivent pas moins que » les moines travailler à éviter les vices et à acquérir les » vertus »

Les cloîtres des chanoines doivent être bien fermés de toutes parts, on ne doit pas recevoir plus de sujets que l'Eglise n'en peut nourrir, et on blâme les évêques qui ne faisaient chanoines que des serfs de leur église, « afin qu'ils n'osassent se plaindre » Les clercs ayant des biens propres et des biens de l'Eglise, rendant service à l'Eglise, auront la nourriture et une part des aumônes ou offrandes, les autres qui n'ont rien et servent l'Eglise, auront, de plus leur habillement

La nourriture est la même pour tous, et chacun, selon la richesse de l'Église, aura cinq livres de vin, par jour, ou trois de vin et trois de bière (1) Les jours de fête, les supérieurs régaleront la communauté le mieux qu'il leur sera possible

Les chanoines ne doivent pas rester oisifs, mais s'appliquer à la lecture, à la prière ou à l'étude et au service de l'Église. — Ils seront tenus d'assister à toutes les heures des offices et à la conférence appelée depuis chapitre — Personne ne couchera hors du dortoir et ne mangera hors du réfectoire Leurs habits doivent être modestes et propres, et l'on cite à propos saint Jérôme, qui semble être trop oublié de nos jours, et qui dit, « Il y a des ecclésiastiques qui mettent tant de soin à se friser, qu'on les prendrait plutôt pour de jeunes époux que pour des clercs » On leur défend de porter le capuce

Les violations de la règle, après trois ou quatre avis secrets, sont punies de la réprimande publique, puis de la réduction au pain et à l'eau et de la séparation de la table et du chœur, — si cela ne suffit pas, du fouet, si l'âge et la qualité du coupable le permettent, et enfin l'incorrigible sera enfermé en une prison ménagée dans le cloître L'évêque, en dernier lieu, le retranchait de la société des autres Mais les supérieurs, en punissant les fautes, devaient se rappeler que l'Église, comparée à une colombe, ne déchire pas de ses ongles, mais frappe doucement de ses ailes

Les enfants qu'on élevait dans la communauté habitaient une chambre séparée, sous la discipline d'un vieillard — Après complies, on se rendait en silence au dortoir où les chanoines couchaient en des lits séparés, et où il y avait toujours, pendant la nuit, une lampe allumée Le portier, qui était chanoine, portait ensuite les clefs au prieur La modestie, l'humilité et la sobriété étaient recommandées aux chantres — Dans le choix des prévôts et autres supérieurs, on avait égard au mérite Les évêques devaient bâtir un hôpital près de la communauté des chanoines, afin qu'ils pussent commodément servir les pauvres auxquels ils donnaient la dîme de toutes les offrandes et de tous les fruits reçus — Dans l'enceinte du cloître devait se trouver une maison pour les chanoines infirmes, que l'on devait traiter avec beaucoup de charité

Les femmes ne devaient pas entrer dans le cloître, et les chanoines ne pouvaient leur parler qu'en présence de témoins

On reconnaît aisément que la règle de saint Chrodegand a fourni le fond de celle-ci, qui a servi longtemps de modèle aux

---

(1) La livre étant de 12 onces, 5 livres de vin sont environ 3 chopines, mesure de Paris

chanoines de l Eglise de France Toutefois, saint Pierre Damien en parle en termes fort durs et pleins de mépris, parce qu'elle permettait aux chanoines de posséder des biens en propre, et d en disposer, comme si on ne pouvait se sanctifier en gardant la propriété de ses biens! — V 193 4

Quant à la saignée — qui paraîtrait prouver que les chanoines étaient souvent atteints de phlegmasies aiguës! — elle était obligatoire si l on en juge par un règlement de 817, fait à Aix-la-Chapelle « Il n'y aura pas un temps réglé pour saigner les moines, mais le besoin en décidera, et alors on ordonnera, le soir, la collation à celui qui aura été saigné » — On ne laissa pas, néanmoins, dans la suite, de marquer, dans les calendriers des bréviaires monastiques, un jour, chaque mois, pour saigner les moines, et ce jour y est appelé *Dies œges* ou *Dies minutionis* Le jour malade ou le jour de saignée (1)

Les coupables étaient néanmoins traités très sévèrement, car si, enfermés pour leurs crimes, ils avaient une chambre à feu et quelque endroit proche où ils pouvaient travailler à ce qu'on leur ordonnait (2), la prison devint, dans la suite, infiniment plus dure C'était un horrible cachot, d où ceux qui y étaient mis une fois n'avaient plus aucune espérance de sortir

» *Lasciate ogni speranza, voi che intrate!* »

C est pourquoi cette prison s'appelait *Vade in pace* Etienne, archevêque de Toulouse, s en plaignit, en 1350, au roi Jean, qui ordonna que tous les supérieurs des monastères visiteraient, deux fois le mois, leurs religieux prisonniers, et leur accorderaient, tous les quinze jours, la permission de s'entretenir avec quelqu un de leurs confrères (3)

Les prisons de Saint-Donat n'avaient elles pas été bâties plutôt pour les chanoines récalcitrants que pour les séculiers? — On est certainement porté à le croire, après avoir lu le règlement d Aix la-Chapelle

------

XV.

Leouson de Lemps, devenu prieur de Saint-Donat, transigea en 1338, pour lui et les chanoines, avec Guigues de Selzine,

(1) 203
(2) Règlement fait à Aix la Chapelle en 817
( ) l 20

recteur de la chapelle de sainte Catherine que Pierre de Salles, prieur de Saint-Donat, avait fondée en acquérant plusieurs terres d'un certain Lantelme de Claveyson, gentilhomme qui relevait de franc fief des anniversaires du prieuré — Par suite de cet accord, l'église de Saint-Donat profitait des lods et autres usages de la chapelle, bâtie au midi, contre le chœur et le presbytère de l'église de Saint-Donat

Vers 1361, l'évêque de Grenoble, Rodolphe de Chissay, obtint de Charles IX, empereur et roi de Bohême, la confirmation des biens de son église, par une bulle d'or donnée à Prague, le 25 juillet

Le château et l'église de Saint-Donat sont expressément compris dans cette confirmation

Une année avant, le 3 mars, cet évêque avait fait extraire la première bulle de Frédéric Ier, sans doute, pour en poursuivre la confirmation, ce qui semblerait prouver que l'église de Grenoble jouissait encore du château et des apanages de la prévôté de Saint-Donat

L'archevêque de Vienne était alors Pierre Ier de Saluces, fils de Frédéric II, marquis de Saluces et de Béatrix de Genève, pourvu par le pape Clément VI, l'an IX de son pontificat, c'est-à-dire en 1355 — L'empereur Charles IV confirma les privilèges et les droits de l'église de Vienne quelque temps avant sa mort, qui arriva en 1364

Les aïeux de Béatrix de Genève, Hugues de Genève et Aymon, son fils, en qualité de seigneurs d'Anthon et de Saint-Donat, confirmèrent aux habitants de ce dernier lieu les privilèges que le Dauphin leur avait accordés, privilèges que Béatrix confirma, à son tour, en 1361 Elle assista, vers 1395, comme Dame de Saint-Donat, à l'acte par lequel les habitants se libérèrent de la taxe due aux chanoines d'un lit garni, de quatre gros deniers, du droit de fossoyage exigé des héritiers du défunt, ainsi que du droit qu'ils prélevaient en permettant au curé de bénir les époux,

Les habitants de Saint-Donat, refusant de payer de semblables tributs, avaient été assignés devant l'officialité de Vienne, par Jean Bigot, prévôt d'Oulx, supérieur des chanoines

Mais Béatrix, prenant fait et cause pour les habitants, se rendit, à leur tête, dans l'église de Saint-Donat, et plaida cloquemment leurs droits contre le prévôt, les chanoines et autres ecclésiastiques qui étaient venus en grand nombre

Ce fut, sans contredit, une étonnante entrevue que celle qui eut lieu entre une femme, jeune et belle, portant la parole, au nom et en présence d'une population dont elle défendait les intérêts, et un chapitre tout entier accouru pour la combattre

Soit par l'effet irresistible de ses charmes, soit par la force de ses
arguments et la valeur de sa cause, les justiciers s'avouèrent
vaincus, et les habitants de Saint-Donat furent libérés au prix
d'une minime somme d'argent !

Si l'on en croit la tradition, Béatrix repose sous la voûte du
chœur de l'église « Elle est enfermée, dit Chalvet, sous une
pierre de huit pieds de long sur quatre de large, que l'on voit
encore aujourd'hui Elle est de couleur blanche comme celles
qu'on trouve dans les montagnes de Sassenage, et élevée sur des
pilastres à hauteur d'appui — Le dessus représente la figure
d'une princesse posant la tête sur un carreau — Sur les bords,
des statues, relevées en bosse, sur plaques d'argent, semblent être
les douze apôtres avec des anges »

Il ne reste plus aujourd'hui qu'une large dalle ou tablette de
pierre sur laquelle on reconnaît l'empreinte d'un certain nombre de signes qui pourraient bien être les figurines décrites par
Chalvet

Ce tombeau fut élevé par le fils de Béatrix, le cardinal Amédée
de Saluces, évêque de Valence et seigneur de Saint Donat, dont
il devint plus tard le prieur, et confirma leurs privilèges en
1404

Béatrix donna, en juin 1491, à l'abbaye de Bonnevaux, un
revenu de 40 sétiers de blé qui lui étaient dus par le *clos comtal*,
dans Saint-Donat, et une maison, à Manthes, exempte de cens
et de servitude (1)

Déchue de ses honneurs et privée de ses richesses, Béatrix se
vit sans appui et sans fortune à la ruine de la maison du comte
de Toulouse Le Dauphin, après son divorce, ne lui donna, pour
subsister, que les terres de Montbonnot et de Revel, les revenus
du four de Moras, la portion de terre qui lui revenait dans ce lieu
et dans celui de Saint Donat, pour en jouir sa vie durant Le
Dauphin ne devait rien retrancher de cette concession mesquine,
sous peine des censures ecclésiastiques

Amédée de Saluces recueillit l'héritage de sa mère et devint,
comme je l'ai dit, seigneur et prieur de Saint-Donat Pierre
Tabry, son vicaire général et le dernier prieur de Chate, fit renouveler les terriers du cardinal jusqu'en 1418 Quoique le
prieuré de Chate dépendît de l'église de Saint-Donat, ses prieurs
jouissaient de leurs revenus pour leur entretien personnel et
celui de quelques chanoines qui desservaient l'église, — mais,
en 1413, Tabry résigna son prieuré entre les mains d'Amédée de
Saluces et devint, en même temps, sacristain de Saint-Donat

Deux bulles furent données, le 7 juin, sur cette résignation, par l'une desquelles, signée à Bologne, le pape révoque « toutes les unions et incorporations qui avaient été faites en façon quelconque par ses prédécesseurs du prieuré conventuel de Saint Donat, à la mense d aucun archevêque, évêque ou abbé

Ces bulles, inscrites sous le n° 21, se trouvent encore dans les archives de l évêché de Grenoble

Amédée de Saluces mourut à Saint Donat en juin 1419 Il fut enseveli dans les cloîtres, dans l ancien tombeau des évêques de Grenoble entre la chapelle du chapitre et la chapelle de Saint-Jean La piété des habitants lui éleva un mausolée en forme de chapelle, dans ce lieu réservé aux personnages importants par leur rang, leur génie, leurs valeurs ou leurs richesses Le tombeau fut enrichi d une foule de figures et d ornements en rapport avec la destination funèbre du mausolée Un groupe d anges, tenant dans leurs mains les clefs du ciel, semblaient offrir le secours de leurs ailes, à l âme prête à s envoler

La figure du mort, couché sur le dos, les mains jointes, était étendue sur le sépulcre, et la statue de la douleur, sous les traits d une femme agenouillée, couvrant de sa chevelure et baignant de ses larmes le marbre du tombeau, était placée à ses pieds

Deux siècles plus tard le sarcophage fut ouvert, et l'on trouva le squelette d un homme tenant à sa main gauche une crosse pastorale, et plusieurs têtes mêlées à des ossement dont quelques uns étaient d une grosseur extraordinaire (1)

Le marquisat de Saluces et la principauté d'Orange étaient, au temps de Chorier, vers 1660, des fiefs dépendants de la principauté du Dauphiné Le marquisat lui fut réuni, après la mort de Gabriel de Saluces, son dernier marquis, l an 1547, sous le règne de Henri II Le duc de Savoie, Charles Emmanuel Ier, l'acquit par un échange La juridiction du parlement de Grenoble y fut reconnue jusqu alors (2)

Antoinette de Saluces, fille de Hugues, seigneur de Montjay, épousa Henri III, baron de Sassenage Ce mariage fut célébré à Romans par le cardinal Amédée

Béatrix de Genève épousa le marquis Frédéric II, et lui acquit les terres de Tilleu et de Montdeveroux (3)

Adélius, régente du marquisat de Saluces, tutrice de Mainfroi, son petit-fils, pressée par ses ennemis, recourut au comte

(1) Manuscrit de Chalvet
(2) Chorier — Guy Allard 4, n° e
(3) Chorier Sa scia 88

Guigues, qui lui prêta un utile secours. Elle lui rendit hommage, en 1210, en signe de reconnaissance.

Valérien de Saluces, procureur du marquisat de Saluces, rendit, comme procureur fondé d'illustre Louis, marquis de Saluces, hommage au dauphin Louis XI, des seigneuries qu'il avait en Dauphiné, celle de Saint-Donat entr'autres (1428) (4).

L'histoire cite encore parmi les descendants de la maison de Saluces, Thomas, marquis de Saluces qui, en 1395, écrivit *le Chevalier errant*, roman en prose mêlée de vers, pendant que Guillaume de la Perche composait ses guerres d'Italie, et que Nicolo de Casola, contemporain de Bocace, publiait, en français, la guerre d'Attila.

Le manuscrit de Chalvet n'est plus maintenant, et durant une période de plusieurs années, qu'une battologie continuelle de confirmations, de privilèges et de renouvellements de terriers, et une fastidieuse nomenclature de noms de chanoines et de prieurs. Il parle néanmoins de la fondation de cinq grands anniversaires faite, le 15 mars 1441, par Siboud, Allemand, les quatre vendredis des Quatre Temps, et le lendemain de la fête de saint Donat. Puis, du paiement de 50 florins d'or à la chambre apostolique, pour la moitié des fruits du prieuré.

Sibond Allemand mourut le 29 janvier 1477, après avoir été prieur de Saint-Donat pendant quarante-sept ans et évêque de Grenoble, durant vingt sept ans. Il était fils de Jean Allemand, seigneur de Chichillianne, et de Pauline de Beaumont. Il se montra toujours affable et d'un commerce agréable. Rigide observateur des lois et règlements, s'il imposa quelquefois sa volonté à ses inférieurs, il sut néanmoins se concilier l'affection de tous par la douceur de son caractère dans la vie privée, et la sagesse de son administration.

Henri de Forchelon lui succéda et fit continuer la reconnaissance des terriers de son prieuré, le 27 février 1481. Il donna, en 1489, un sétier de froment, par an, à ses chanoines, sur une terre qu'il possédait à Bren, au quartier de la Bellynière. Il négocia, deux ans après, un emprunt de 100 florins, petite monnaie, au nom des habitants, sur la pension annuelle et perpétuelle de 5 florins, même monnaie.

Jacques de Miolans, gouverneur du Dauphiné, ayant eu connaissance de certaines lettres patentes qui confirmaient les privilèges accordés aux Donatais par les dauphins Louis XI et Charles VIII, fit assigner le procureur fiscal de la province,

(1) CHORIER.

pour qu'il eut à s'expliquer sur l'entérinement de ces patentes qui ne devait avoir lieu qu'en sa présence, en cour de Parlement

Mais le 9 juillet 1496, la cour rendit un arrêt par lequel les habitants de Saint Donat furent maintenus dans la possession de leurs priviléges, malgré la vive opposition du procureur général Cet arrêt fut mis à exécution et signifié sur le champ, aux châtelains de Pisançon, chargés d'en avertir l'exacteur des droits de péage Un an après, cet arrêt fut aussi signifié à plusieurs tenanciers de gabelles, à Romans, Saint-Marcellin, Saint-Symphorien et Saint Romain d'Albon

A la mort de Pierre de Forchelon, Claude de Lattier fut élu prieur Mais son passage n'est marqué par aucun acte digne d'être transmis à la postérité Chalvet dit seulement de lui « qu'il était de noble famille et de bonnes vie et mœurs ce qui ne l'empêche pas d'être mis au nombre de ces rois fainéants dont on ne parle que pour mémoire

La seigneurie de Saint Donat appartenait, en 1500, à Pierre de Forchelon, prieur de Saint-Donat et de Saint Vincent de Châte; il donna, le 17 mai 1502, l'office de l'aumônerie de son église au frère Bertrand Crète qui a laissé un état, dressé en 1511, des rentes dues à cette église Outre les revenus considérables qu'elle prélevait sur les sept ou huit péages établis dans Saint-Donat, elle recevait encore de nombreuses rentes dès lieux ci-après Sait-Donat, Bren, Marsas, Clérieux, Saint-Bardoux, Chanos, Mercurol, Chantemerle, Saint-Victor, Berteux, La Motte de Galaure, Mureils, Saint-Bonnet, Châteauneuf de Galaure, Moras, Claveyson, Montchastin, Ratrières, Saint-Avit, Baternay, Charmes, Margès, Saint-Muris, Montchenu, Saint - Christophe - du - Bois, Crépol, Montdeveroux, Châlon, Arthemonay, Reculais et Geyssans

L'acquittement de ces redevances se faisait presque toujours en céréales et en denrées, rarement en argent Elles tenaient d'ailleurs de leur nature même d'être payées ainsi

Ici, c'était le droit de *vingtain* prélevé sur les moulins et le four banal du seigneur Tout habitant était tenu d'y faire moudre son grain et d'y faire cuire son pain Le droit de mouture et de fournage était du vingtième au profit du fermier,

Là, c'était le ban champêtre ou amendes imposées aux pâtres, vachers ou autres qui laissaient divaguer leurs bestiaux par les champs et causaient un préjudice au propriétaire

Puis venait le ban de vin ou, comme nous l'avons vu, le temps réservé exclusivement pour la vente du produit des vignes du seigneur,

Ailleurs, c'étaient *les lods et ventes* ou droit dû au seigneur

par tous les héritiers censuels de sa mouvance, lors de la transmission de la propriété Un héritage censuel n'était possédé
que par une concession du seigneur duquel dépendait le terri
toire, qu'on appelait *censive*, et la possession n'était consentie
qu'à la personne même à laquelle elle était faite, de sorte que
la transmission ne pouvant avoir lieu qu'avec l'approbation ex-
presse du seigneur, que l'on appelait *louange, lous, las* et *lods*,
qui dérivent tous du latin *laudatio*

C'était ensuite le droit de *leyde* consistant dans la petite
redevance que payaient ceux qui vendaient du blé ou toute
espèce de grains sous les halles de la ville ou sur la place du
marché

On voit que l'impôt se multipliant sous toutes les formes et
sous tous les noms, et que le florin s'ajoutait ainsi au florin
dans l'escarcelle du seigneur Aussi a-t-on vu maints vassaux
achevant ici-bas leur carrière sans avoir jamais touché un seul
denier

Aujourd'hui l'impôt, quoique réparti plus équitablement,
ne continue pas moins de frapper comme il frappait le populaire d'autrefois Si l'on met un peu de côté la légèreté du caractère français qui ne le fait s'arrêter, comme les insectes d'un
jour, qu'aux superficies et qu'aux apparences, et qu'on écarte
la forme pour ne tenir compte que des choses et du fond, on
verra que le nom seul est changé Peut-il en être autrement,
quand le soleil s'en va chaque jour éclairant, sur notre pauvre
globe, les mêmes hommes, les mêmes passions et les mêmes
besoins ?

Cependant les tenanciers étaient quelquefois très-susceptibles
et très pointilleux à l'endroit des redevances

Le chapitre de Saint-Donat levait la dîme des cochons pour
la portée de chaque truie dans les paroisses d'Arthemonay, de
Reculais et du Châlon Quelques habitants ayant refusé de la
payer, furent assignés, le 12 décembre 1525, par Jacques de
Forchelon, prieur de Saint-Donat, qui fut maintenu dans la
possession de cette dîme

Je demande pardon à mes lecteurs d'entrer dans ces menus
détails qui, pris isolément, paraîtraient sans doute ridicules,
mais qu'il est bon de noter quand on veut connaître les mœurs
et les formes sociales d'une époque si différente de celle où
nous vivons

On peut étudier l'homme dans sa vie domestique et sous le
toit de sa chaumière, mieux que dans les agitations fébriles
du forum et sur le piédestal de la renommée, qu'il n'acquiert
souvent qu'en se couvrant le front du masque de l'hypocrisie !

XVI

Guigues de Pergaud, prieur de Saint-Vallier, ayant été, concurremment avec les abbés de Saint-Antoine et de Bonnevaux, nommé juge et conservateur des privilèges apostoliques accordés au prieur et aux chanoines de Saint-Donat, mais, occupé lui-même à veiller sur son chapitre, il chargea, le 6 novembre 1529, l'official de Valence, l'abbé de Saint-Félix et le diacre sacristain, de le représenter dans toutes les causes concernant le prieur et le couvent de Saint-Donat, par un acte qui fut passé devant Trautier, notaire, à Valence, en présence des prieurs de Berthin et d'Annonay, de Saint-Nazaire et de Saint-Martin de Vienne, des chanoines de l'abbaye de Saint-Ruf, de Pierre Bellevot, prieur de Saint Donat et du curé de Saint-Avit. Cet acte qui renfermait toutes les bulles données à cette occasion, servit plus tard contre le curé de Saint-Donat qui prétendait être indépendant de son église et voulait s'emparer des droits honorifiques de ses successeurs, quoiqu'il n'eût que le titre de vicaire perpétuel. Mais il fut débouté de sa demande par un arrêt du parlement.

Saint-Donat, comme nous l'avons dit, était un ancien bourg du comté viennois, soumis à la juridiction de l'archevêque de Vienne, dont il fut néanmoins plus tard séparé par ordre du Saint-Siége. Malgré les actes officiels qui lui assuraient ce privilège, un conflit assez grave éclata à ce sujet entre Pierre Palmier, archevêque et comte de Vienne, et Jacques de Forchelon, prieur de Saint-Donat. — Un procès allait s'engager, lorsque des hommes conciliants s'interposèrent entre les parties qui signèrent, le 30 mars 1530, une transaction par laquelle l'église de Saint-Donat, ses biens et son chapitre étaient reconnus indépendants de l'archevêque de Vienne, et pouvaient avoir dix prêtres, deux clercs et deux esclaffards pour le service ordinaire. On alla jusqu'à faire comprendre le cuisinier, le boulanger et le cordonnier du prieur, ainsi que la chanoinie de Châte et son église.

L'exemple, parti de haut, porte toujours ses fruits, fruits tarés ou de bon aloi selon la moralité de l'exemple. — Ces querelles sans cesse renaissantes de prélat à prieur, de seigneur à vilain, s'étendaient aussi quelquefois de prêtre à prêtre, de terre, elle ne se retrouvait pas toujours dans le cœur de tous les membres du clergé, bien que, par la défection de l'un d'eux, la corporation tout entière n'en soit pas responsable. On trouve toujours une perle dans le fumier d'Ennius. Il y avait alors dans les couvents d'indignes prêtres et de faux religieux, « et l'on faisait, dit Bossuet, de bons réformés de tous ces mauvais prêtres. »

Jean de Mets, curé de Saint-Donat, en 1530, était un de ces esprits orgueilleux et de ces cœurs impurs qui oublient trop facilement qu'ils sont chargés d'une mission divine sur la terre, et semblent malheureusement justifier le jugement impie que Rousseau a porté, comme un anathème fulgurant, contre ces enfants du siècle.

Accusé et convaincu de déprédation à l'endroit du prieur, Jean de Mets fut jeté dans les prisons de Saint-Donat, pour subir le châtiment qu'il méritait. Sa détention fut de courte durée, mais il dut faire amende honorable et payer 38 sols au prieur, pour indemnité du dîner que le curé de Saint-Donat était tenu de servir aux chanoines, le jour de la fête de saint Pierre et de saint Paul, patrons de la paroisse, et que le procureur des anniversaires avait été obligé de donner pour lui.

De leur côté, les prieurs de Saint-Donat, si difficiles quand il s'agissait de leur autorité et de leurs droits méconnus, ne se montrèrent pas toujours rigides observateurs des lois et des coutumes.

Les lettres de justice avaient autrefois, en tête de la première page, le nom du gouverneur du pays, et c'était un crime de les déchirer et de les biffer, lorsqu'elles étaient scellées du sceau du gouverneur. Celui-ci fut, un jour, informé de l'autorité du parlement, que le prieur de Saint-Donat en avait lacéré une avec mépris, le 22 du mois de mars 1441, dans la place du banc de Malconseil; mais cette information n'eut pas de suites, rien ne fut jugé, sans doute parce qu'il s'agissait d'un prieur, quand il aurait dû, dit Guy Pape (p. 269), à qui j'emprunte le récit de cet évènement, être condamné, suivant le droit, à une amende de 500 écus, comme l'étaient ceux qui déchiraient ou qui effaçaient les ordonnances et les édits du préteur, affichés au poteau public.

Comme l'antiquité la plus reculée, le moyen âge eut aussi ses dénombrements, de 1540 à 1543, la cour ordonna à tous les bénéficiers d'Église de donner le recensement de tout ce qu'ils possédaient en biens fonds, droits et rentes. On a dit à ce propos que le système féodal avait créé presque tous les éléments de l'administration moderne, si vaste et si compliquée. Cette idée pas pour nous faire admirer le moyen âge, — mais on comprend que chaque seigneur, dans son fief, étant un petit souverain, devait avoir l'œil à tout, la main partout et se rendre compte de tout Il devait savoir — il le savait c'était là tout son mérite ! combien de serfs lui devaient la corvée, combien d'emphytéotes lui devaient le cens, combien de bourgeois et de gentilshommes le service militaire Cela ne prouve qu'une chose, c'est qu'il se faisait exactement payer ce qui lui était dû

Le prieur de Saint-Donat adressa à la chambre des comptes le dénombrement des biens de son chapitre ; mais comme chacun avait intérêt à dissimuler, vis à vis de son supérieur, le véritable état de ses ressources, il est probable que cette communication n'est pas exacte Chalvet lui-même rapporte que le prieur, s'étant cru dispensé de déclarer le ban de vin des onze jours, et son titre honorifique de seigneur d'Arthemonay, fut recherché à cause de cette omission

L'état que j'ai sous les yeux porte les censes pures et les censes rachetables dues au chapitre de Saint-Donat, à 65 setiers de blé froment, 30 setiers de seigle, 6 setiers d'avoine, 2 florins, 10 livres, 27 deniers tournois, 84 sols, 2 poulets et 6 gelines, espèce de poule ou poularde

La plupart des cens ayant été primitivement stipulés en une somme fixe d'argent, ordinairement assez faible, et la valeur de la monnaie ayant sans cesse augmenté, ne représentait plus, dans les derniers temps, un prix de location, et ne constituait, au moment de la révolution, qu'un droit seigneurial qui grevait presque toutes les terres possédées par les cultivateurs La Constituante déclara rachetables au denier vingt pour les redevances en argent, au denier vingt cinq pour les redevances en grains, denrées, etc , tous les droits censuels provenant d'une concession primitive de terres, concession présumée par la loi pour tous les droits de cens.

Le 15 février 1551, Humbert d'Hostun fit continuer la reconnaissance des terriers appartenant au prieur Humbert d'Hostun, chanoine de l'église Saint-Barnard, de Romans, fut prieur de Saint-Donat jusqu'en 1557, époque où Paul IV, successeur de Marcel II, permit aux chanoines de reprendre l'ordre clérical qu'ils avaient quitté depuis 400 ans

Outre les fortes redevances qui lui étaient payées, le chapitre possédait encore un vaste domaine à Saint-Avit et d'autres propriétés aux environs de Saint-Donat, dont le revenu était considérable

La charité, cette loi imposée à l'homme par la nature comme par la religion, n'était pas tout-à-fait inconnue aux chanoines

Ils consacraient à l'aumône une bonne part de leurs richesses. L'hôpital de l'église était ouvert à l'infortune ; — mais combien de misères restaient encore à soulager ! Combien la peste et la famine, qui désolèrent terriblement notre pauvre France dans les dixième, onzième, douzième, quatorzième, quinzième et seizième siècles, durent faire de malheureux !

— Les animaux les plus immondes, les reptiles même étaient dévorés, et l'on se nourrissait aussi de chair humaine !

Les cadavres restaient sans sépulture sur les routes ! Le frère abandonnait son frère, l'oncle son neveu, l'épouse son mari, et même quelques pères et mères s'éloignaient de leurs enfants !

Puis, la lèpre — qui ne fut pas importée en Europe par suite des croisades, comme l'assurent la plupart des auteurs, mais qui sévissait déjà dès 549, puisque le cinquième concile d'Orléans recommande les lépreux à la charité publique et à celle des évêques, — la lèpre vint augmenter le nombre déjà si grand de tant d'infortunés qui semblent jetés sur la terre pour expier à eux seuls, — boucs émissaires de l'humanité, — les forfaits de tout un siècle

Ces malheureux, objets de mépris et d'effroi, recevaient bien les premiers secours dans les établissements appelés *maladreries* que la charité de nos pères élevait de toutes parts ; — mais qu'ils durent souffrir de se voir séparés à tout jamais de la société des hommes !

Le lépreux, recouvert d'un linceul, était conduit au cimetière, après avoir entendu une messe des morts suivie d'un *libera*. Le prêtre, prenant une pelletée de terre, la lui posait par trois fois sur la tête, en lui disant « Souviens toi que tu es mort au monde, et pour ce, aye patience en toi » Il lui était, dès lors, défendu d'approcher de personne, de rien toucher de ce qu'il marchandait, de se tenir au-dessous du vent lorsqu'il parlait à quelqu'un, de sonner sa *tartevelle* ou cliquette, quand il demandait l'aumône, de ne pas sortir de sa borde ou tanière sans être vêtu de la housse, de ne boire en aucune fontaine ou ruisseau, si ce n'est dans le cours où réservoir d'eau qui se trouvait devant sa borde, de ne passer pont ni planche sans gant, de ne pas sortir du lieu de son domicile sans un congé du curé ou de l'officier.

Sans doute, ces mesures rigoureuses étaient dictées par la prudence, — le fléau étant extrêmement contagieux, les malades devaient être isolés de la population ! Mais comment justifier ces accusations atroces qui, sous Philippe V, roi par la grâce de la loi salique, allumèrent le bûcher pour un si grand nombre de lépreux !

La léproserie de Saint Donat était située non loin *du Chaffal*, au quartier qui a conservé le nom de *Maladière*, mais comme elle n'était pas suffisamment dotée, les paroissiens durent plus d'une fois subvenir aux besoins des malades. Toutefois, il paraît que cet établissement n'eut jamais une grande importance, car Chalvet, qui n'aurait pas manqué d'en parler longuement s'il eût existé de son temps, garde le plus profond silence à ce sujet.

Je ne voudrais, pour établir l'immense supériorité de notre époque sur le moyen âge, que pouvoir opposer ici, au tableau effrayant de tant de misères, d'indifférence et de dégradation, le spectacle plus consolant et plus digne de l'humanité, qu'il nous a été donné de contempler, dans ces jours calamiteux que nous venons de traverser.

Je montrerais le jeune homme, le riche et le puissant, pour qui la nature n'a pas assez de sourires et de fleurs, — le prolétaire, cachant sous sa blouse de travail, un cœur généreux et bon, — l'enfant que ces jours ont fait homme; — la fille du peuple, qui grelotte et frémit dans ses membres délicats; — la grande dame, que les somnolences de la vie et les molles tiédeurs de boudoir et de l'édredon n'ont pas encore énervée, — cet homme que la société repoussait, hier, de son sein, et qui, aujourd'hui, pour effacer de son front le stigmate du déshonneur, vole au péril comme il irait à la fête, — le soldat; — le prêtre, — la sœur de charité, douce et angélique figure que l'on rencontre toujours là où il y a des pleurs à sécher, une infortune à secourir, — notre France du dix-neuvième siècle enfin, tendant la main au malheureux que les flots environnent, s'asseyant au chevet du cholérique et du pestiféré, et donnant son or, sa prière et ses larmes, à toutes les souffrances de la terre!

Puis, au milieu de ces scènes attendrissantes, deux grandes figures historiques apparaîtraient comme l'arc en-ciel sur la fin de l'orage. L'ange de la charité, sous les traits d'une femme à la beauté grave, sereine et recueillie. Près d'elle, Napoléon venant accomplir sa mission d'empereur et d'homme en faisant le bien par lui-même, gardé par l'amour de ses sujets, éloignant les gens de sa suite, se dépouillant du faste qui pourrait le trahir, et dont l'éclat tombant sur des haillons et sur des ruines les rendrait encore plus hideux; — se faisant presque peuple, apportant avec lui l'espérance, essuyant une larme à la vue de tant de maux, distribuant, la main sur son cœur, le secours de ses finances aussi inépuisables que sa bonté en présence du malheur! et, lorsque reconnu, acclamé père du peuple par la nation reconnaissante, il est obligé de trahir son secret, se plaignant, comme un autre monarque, bon aussi mais plus malheureux, *de ne pouvoir aller à bonne fortune sans qu'on le sache!*

Une grande et sublime leçon nous a été donnée! Admirateurs

du moyen-âge, cherchez-en une analogue, moindre même à m'opposer, durant ces siècles d'égoïsme et d'oppression, où les cours divisées voyaient l'adultère assis sur le trône et l'assassinat sur ses marches, et je rentre sous terre en me déclarant publiquement indigne de voir le jour !

Non, vraiment, on ne comprend pas qu'il puisse encore se trouver, de nos jours, des sophistes assez mal inspirés pour se faire les défenseurs d'un tel état social, et pour nous l'offrir comme un modèle à suivre. Quand donc sauront-ils que nous vivons au dix-neuvième siècle, et que l'hérétique n'est pas celui que brûle le bûcher, mais celui qui l'allume !

XVII

Dès l'an 1560, peu après la conjuration d'Amboise, qui fut comme le signal des guerres religieuses qui désolèrent la France jusqu'au règne de Henri IV, les calvinistes du Dauphiné avaient pris les armes et livré maint combat contre les catholiques, à l'exemple de Montbrun dans le Comtat Venaissin, et des frères Mauvans en Provence, mais ce feu à peine allumé s'éteignit par la mort ou la proscription des chefs, et parce qu'il n'y avait point de forte armée capable de recevoir les fuyards après un premier échec.

Cependant, deux ans plus tard, les hostilités allaient recommencer avec plus de fureur — Deux véritables armées allaient se trouver en présence — Ce qui, lors de la conspiration d'Amboise, n'était que mécontentement et rivalité de gouvernement, devint, après le massacre de Vassi et l'enlèvement de Fontainebleau, persuasion et conviction entière par la contagion de l'enthousiasme qui gagna les confédérés — Il en fut de même des catholiques — On devait donc s'attendre à une lutte longue et terrible, et qui devait finir par la destruction de l'un des deux partis.

Le prince de Condé, profitant de l'irritation des esprits, exaspérés par l'ordonnance intempestive que le roi, sur les réclamations des catholiques du Midi, rendit le 24 avril 1562, soulevait, par le moyen de ses affidés, tout le Bas Languedoc, le Vivarais, le Dauphiné et la Provence.

Charles Dupuy, baron de Montbrun, l'un des plus vaillants capitaines de l'armée de Condé, était alors à Genève. Apprenant le succès du baron des Adrets, en ce moment à Valence, il vint lui offrir ses services Le cruel huguenot le reçut avec joie, le fit son lieutenant, lui donna des troupes et le dirigea sur Grenoble, que Maugiron occupait C'est pendant l'absence de Montbrun, que de Morges et La Roche de Grane, qui avaient succédé au bon cher Chabenas, nommé par Saint-Romain, conduisirent leurs hordes à Saint Donat, qu'ils se contentèrent de rançonner, après avoir pillé les deux églises et renversé les autels !

L'année suivante, le châtelain Jean de Revel, autorisé des commissaires de la province, ordonna au consul Balthazard Mussy, à Gilles Belle, son prédécesseur, et à Jean Bouvier, consul de Bren, de dresser un état des dévastations commises par les disciples trop enthousiastes de Calvin

Ces messieurs s'acquittèrent de leur mission avec une si scrupuleuse exactitude, qu'ils dressèrent l'état suivant que je ne puis résister au plaisir de transcrire, tant parce qu'il nous fournit quelques détails, qu'à cause de l'extravagance du style qui me rappelle le curieux catalogue d'un jardinier anglais, commençant par ces mots '

« Adam et Eve en ifs — Adam un peu endommagé par la chute de l'arbre du bien et du mal, abattu par une grande tempête — Eve et le serpent sont on ne peut mieux, etc »

Si, comme le dit Buffon, le style c'est l'homme, nous ne pouvons avoir qu'une opinion bien médiocre du talent de nos consuls

Voyez plutôt '

Reliques sacrées

Pris et emporté le chef de Saint-Donat, avec sa couronne argentée surdorée, garnie de pierreries

Item, le bras de saint Vincent avec deux anges, le tout d'argent

Item, le bras de saint Firmin, en bois, couvert d'argent

Le chef d'une des onze mille vierges en argent L'image appelée Sainte-Anne, portant Notre-Dame avec deux couronnes argentées, relevées de plusieurs pierreries

Item, une pièce appelée Notre-Dame, avec sa couronne argentée et surdorée

Argenterie

Une croix d'argent, une autre sur bois, argentée et surdorée, la custode argentée et surdorée, une autre croix d'argent surdorée avec pierreries L'encensoir d'argent, le livre des fêtes couvert d'argent, un calice argenté surdoré et trois autres d'argent, deux chandeliers d'argent.

Ils ont rompu l'armoire qui fermait à barres de fer, dont le dedans était de fer et renfermant tout ce que dessus

Autres meubles

4 grands chandeliers et 4 petits de fer, une croix de fer, quantité de livres tant pour chanter que pour faire lecture dans ladite église

Item

3 terriers et plusieurs autres documents de ladite église

Mémoire des habits

Une chasuble surdorée, une chasuble argentée, trois chasubles velours rouge, une chappe, une chasuble de soie fanée, une chasuble, deux talards de taffetas noir, deux chappes de camelot rouge, une douzaine de chappes tant rouges que jaunes, quatre pièces de couverts d'autels de soie avec leur ouvrage, trois douzaines de nappes ou serviettes avec leur ouvrage, trois douzaines de nappes ou serviettes pour le service de l'église, une douzaine d'aubes avec leurs affres argentées, quatre tapis à la marque de M. le cardinal, un grand bénitier et quatre petits, six clochettes

Ont rompu les autels, la turbine, les vitres, les fenêtres, les fermeures, arches, et ont emporté les serrures, le tout dans ladite église, ont rompu aussi les portes et fenêtres des chambres des chanoines

L'église de Saint-Pierre

Ont semblablement tout rompu dans l'église paroissiale de Saint Donat, tant les huguenots du dit lieu, que autres passants et gens de guerre

L'église de Bren

Jean Bouvier, consul de Bren, rapporte de son église que les gens de la Roche, de Grane, rompirent les autels et volèrent les images ; — Antoine Chaussignon, de Marsas, près Saint-Donat, accompagné de cinq ou six arquebusiers, prit le calice d'argent et la custode, croix et crucifix tant en plomb que fer (1)

Cette pièce phénoménale fut signée le 5 décembre 1563

Le calme étant revenu après ces jours d'orage, les chanoines reprirent le cours de leur vie habituelle

(1) Manuscrit de Chalvet

Le prieur Mathieu Liversin fit continuer, en 1566, la reconnaissance de son terrier

Le 14 août 1569, il prenait possession, durant onze jours, de la justice haute, moyenne et basse qui lui appartenait chaque année, pendant cet intervalle de temps, nommait pour juge Antoine Guerin, docteur en droit, à Romans; pour châtelain, Gilles Belle; pour procureur d office, Jean de Mures, et pour seigneur, Jean Rosset, et recevait de Benoit Collet, châtelain du seigneur Du Bouchage, les clefs de la prison

Un nommé Pons, du Pas, manant de Saint-Donat, était détenu depuis trois jours sous l accusation de vol

Le chapitre informa l'affaire et commença l instruction qui dura trente six heures

Savez vous, lecteurs, ce que ce malheureux avait volé ? Une plante potagère ! quelques oignons que la faim, peut-être, lui avait fait arracher au champ de son voisin, et que les inquisiteurs d alors trouvèrent dans sa maison Encore soutint-il toujours que ces oignons lui avaient été donnés par une de ses tantes L'affaire était grave comme on le voit, et c est pour cela que le tribunal prononça la sentence suivante

» Nous, pour les variations desquelles Jacques Pons se
» trouve avoir usé par ses réponses et pour des autres causes
» résultant du procès, avons icelui condamné et condamnons
» à 10 livres tournois d'amende envers le procureur d office
» et aux frais et dépens de justice tels que de raison, taxe
» réservée, pourtant ! lui inhibant le retour à tels et semblables
» actes, à peine de punition corporelle   (1)

En vérité, c'est plus ridicule que la montagne accouchant d'une souris, et plus horrible que la condamnation d'un coq à être brûlé vif pou   oir fait un œuf (2) ! Le grand vicaire de Valence n'avai   pas, en 1585, fait citer les chenilles devant lui, et après leur avoir donné un procureur pour se défendre, les avait condamnées à quitter le diocèse (3) ?

O tempora ! ô mœurs !

Déjà, en 1548, le chapitre de Saint-Donat avait poursuivi le rentier du prieuré de Châte pour un fait singulier

Les chanoines mangeaient, pendant l hiver, dans une salle appelée chauffoir, et déjeunaient vers les dix heures

Le 25 novembre de ladite année, par un froid des plus rigoureux, les chanoines, revenant de l'église, transis et affamés, se disposaient à faire honneur au dîner de leur hôte,

(1) Manuscrit de Chalvet
(2) Sentence du tribunal de Berne, en 1120.
(3) Chopier

lorsqu'ils ne trouvèrent qu'une table, bien mise il est vrai, mais, comme le dit piteusement Chalvet « sans vin, pain ni victuailles! »

Le prieur voit la table et sans aucun respect demeure quelque temps muet à cet aspect *Inde iræ!* — Le notaire Maridat est aussitôt mandé, et un acte en bonne forme est dressé contre le fermier du prieur de Châte, qui n'avait, peut-être, d'autre tort que celui d'avoir songé à Quatre-Temps et Vigile (1)

Les chanoines apportaient une grande solennité dans la cérémonie religieuse de réception de chacun de leurs novices — Je 3 juin 1548, huit ans après la fondation de la compagnie de Jésus par Ignace de Loyola, et trois ans après l'ouverture du concile de Trente, qui dura jusqu'en 1563, ils recevaient dans le chœur de l'église, en qualité de religieux, frère Gaspard Rostain, déjà chanoine du prieuré de Saint-Vincent de Châte

Je ne puis mieux faire connaître le cérémonial qui accompagnait cet acte important, qu'en rapportant ici le procès verbal que nous a laissé le prieur Mathurin Bidault, et qui peut être considéré comme la règle suivie toujours dans une semblable circonstance

A comparu, vénérable et religieuse personne frère Gaspard Rostain, chanoine du prieuré de Saint Vincent de Châte, qui humblement à genoux devant messire Mathurin Bidault lui déclara, par ces mots par lui même prononcez, qu'il souhaitait, pendant tout le temps de sa vie, donner entièrement son service au culte divin dans ledit prieuré de Saint-Vincent de Châte et aux endroits qui lui seraient ordonnez, et qu'il voulait l'habit de l'ordre qu'on lui avait donné, les statuts et ordinations canoniques selon tout son pouvoir, et, pour ce, requérant humblement ledit messire Mathurin Bidault de le vouloir bien recevoir pour religieux dudit prieuré de Châte lequel ayant oui telles réquisitions, étant persuadé, sur son rapport, de ses bonnes mœurs et honnêteté, s'asseyant sur un siège, se présenta à genoux devant lui, ledit sieur Rostain, auquel ayant demandé s'il était instruit des statuts de l'ordre et des charges qu'ils imposaient et s'il les accomplirait, et, par une humble réponse, ayant témoigné qu'il était dans le dessein de les professer à l'avenir comme il les professait alors tout publiquement, promettant, sur sa foi, de garder la chasteté, la fidélité, pauvreté et obéissance et tous les autres chefs et

statuts dudit ordre en changeant les mauvaises mœurs en de
bonnes et meilleures, et employant toute sa diligence au service
divin et aux autres offices qu'on a accoutumé de faire audit
prieuré, et en signe d'une sincère fidélité et obéissance portant
ses deux mains sur sa poitrine, en même temps recevant entr'eux le baiser de paix, tout ce que dessus a été promis et le
prieur a mis messire Rostain en possession de tous les honneurs
et prérogatives de l'ordre comme étant un de ses véritables
religieux et pr'fès reconnu par le consentement des autres
chanoines et religieux étant là même présents dans le chœur
Le relevant de terre et lui commandant, en signe d'une sainte
et humble profession et obéissance, de le suivre jusques au
grand autel et de le baiser avec une profonde vénération, etc

En 1576, l'aliénation du temporel ecclésiastique, à raison
de 50,000 écus de rente, fut accordée au roi Henri III par
le bolonais Hugues Buocompagno, élu pape sous le nom de
Grégoire XIII L'établissement de *la Ligue*, dite aussi Sainte
Union, venait d'être formé par le duc de Guise, Henri-le-
Balafré, dans le but de défendre la religion catholique, ou plutôt
de renverser Henri III

Le prieuré de Saint-Donat fut cotisé à 780 livres, 15 sous
et 5 deniers tournois, soit 263 écus, 35 sols, 5 deniers

Outre cette cotisation, les offices dépendants du prieuré furent
ainsi taxés

La sacristie à	8 livres, 2 sols, 2 deniers
L'aumônerie à	51 livres, 14 sols, 8 deniers
Et la capiscolerie à	24 livres, 3 sols, 7 deniers

En 1583, un an après l'établissement du calendrier grégo
rien, le prieuré de Châte fut cédé à Jean Popon, châtelain
de Claveyson, comme mandataire de Denis Gros, qui en
avait déjà obtenu le brevet en 1582 Jacques Veillieux et
Barthélémy Blachon furent, cette année-là, condamnés à payer
un quartal de blé froment, et à donner un cheval à messire
Etienne Argod, pour l'indemniser de quelque léger dommage
qu'ils avaient fait dans sa propriété

René de Baternay, baron du Bouchage et d'Anthon, était
encore, en 1526, seigneur de Saint-Donat, Charmes, Baternay
et Margès (1)

Le 8 juillet 1602, le seigneur d'Hostun acquit de Françoise
de Baternay, veuve de François d'Ailly, vidame d'Amiens,
tout ce qu'elle possédait à Charmes, Saint-Donat, Margès et

lods, droits de chasse, bois, vignes, prés et garennes Un an après, le nouveau possesseur du fief de Baternay se reconnut homme lige et vassal du Dauphin et de ses successeurs en Dauphiné

Antoine d'Hostun était fils de Jean IV, dit Boniface, et de Claire de la Beaume Suze Il était chevalier et seigneur de Saint-Nazaire et de Saint-Jean en Royans, baron de Charmes, de Saint Donat et de Margès, conseiller du roi, en 1611, capitaine de ses ordonnances, chevalier de ses ordres, en 1612, sénéchal de Lyon, maréchal de camp des armées du roi deux ans après Il fit ses preuves de noblesse en 1614, et mourut, sans avoir été reçu, en 1616 Marié avec Diane de Gadagne, fille de Guillaume, seigneur et baron de Verdun et de Bothéon, et de Jeanne de Sugny, il eut plusieurs enfants Balthazar, son héritier, Aymar, seigneur de la Forteresse et de la Gondumière, Louis et Antoine, morts sans enfants, Gasparde, mariée, en 1609 avec Antoine III de Clermont, ci devant baron de Montolson, Marguerite, femme de Claude de Brion, chevalier et seigneur de la Liègue et la Rivière Bellegarde, et eut, pour droits dotaux, de l'héritier de son mari, 113,000 livres Le septième fut seigneur de Rochefourcha, et les deux dernières prirent le voile à Saint-Just de Romans Antoine d'Hostun eut encore de Philippine de Lortal un fils naturel, César, qu'il légitima en 1633 et anoblit en 1635 — Il était alors écuyer et seigneur de Saint-Jean

La maison des Baternay a compté un grand nombre de seigneurs Le plus célèbre d'entr'eux est, sans contredit, Imbert, baron du Bouchage, qui eut toute l'amitié du roi Louis XI, pendant son séjour de dix ans en Dauphiné (1)

Un jour que le dauphin passait près de Charmes, il rencontra Imbert chassant au faucon, une étroite amitié se lia entre ces deux hommes qui se voyaient pour la première fois, et la chaîne de leur affection ne fut rompue que par la mort de Louis Devenu baron du Bouchage, Imbert suivit Louis XI à la cour, mais il faillit, plus tard, perdre les bonnes grâces du roi pour avoir procuré le plaisir de la chasse au fils de ce prince relégué à Amboise

Gabriel de Roussillon, seigneur de Bouchage, Illins, Virieule bailly de Mâcon et maréchal du Dauphiné, épousa Béatrix de Poitiers et hérita de Marguerite de Charny, dame de Tirey, sa cousine germaine Falques ou Faucon de Montchenu, époux de la sœur aînée de Gabriel, recueillit la succession de son beau père, mais il ne put en jouir tranquillement Gabriel de Rous-

(1) Chorier, Laurent, 301

sillon avait conseillé au roi Charles VII de ne pas laisser revenir
de Bourgogne en Dauphiné Louis, qui implorait cette faveur
À la mort du roi, le moment de se venger se présenta Louis
usa terriblement du droit de représailles Le fort de Cornillon,
près Grenoble, se remplit bientôt de prisonniers, et Gabriel de
Roussillon, accusé de félonie et de crime de lèse majesté, fut
emprisonné à Beaurepaire Imbert de Baternay aimait éperdû-
ment Georgette, fille de Falques, mais sa médiocre fortune lui
paraissait un obstacle immense pour l'obtenir Il se résolut d'user
de son crédit auprès du nouveau roi Louis XI allait ordonner
l'élargissement de Gabriel et la restitution de ses biens, lorsque
Montchenu forma opposition en refusant sa fille L'infortuné
Gabriel meurt sans avoir été jugé, et sa succession est dévolue à
Falques, son plus proche parent Il s'agissait alors d'en obtenir
main-levée du roi De Baternay offre sa médiation, et l'amant de
Georgette ne travaille plus qu'à posséder l'objet de ses désirs
Les grâces, les talents, les connaissances de la jeune fille ont en-
chaîné son cœur; un amour répond à son amour, un sourire le
paie d'un sourire, elle est la pensée de ses jours et le rêve de ses
nuits, le dauphin la demande pour Imbert, mais en vain, roi, il
peut la lui donner Imbert obtient donc les biens de Gabriel de
Roussillon pour la dot de Georgette qu'il redemande encore;
mais Falques, toujours insensible, refuse obstinément d'écouter
cette proposition, et la justice de sa cause lui prête un ton fier
nellement audacieux et des paroles virulentes Louis XI, dont la
politique astucieuse et froidement cruelle, et le caractère dur,
injuste et méchant, ne laissaient échapper aucune occasion de se
révéler, fit emprisonner le malheureux père à Bordeaux, et la
mémoire de Gabriel ayant été flétrie, ses biens sont confisqués et
donnés à Imbert, qui devient baron du Bouchage Cette faveur
n'est rien au prix de Georgette qu'Imbert est impatient de posséder Il serait facile de perdre Montchenu en l'accusant d'intelligence avec Gabriel de Roussillon, mais il préfère obtenir son
élargissement et la main de sa fille De guerre lasse, Montchenu
consent au mariage; le contrat est passé devant le roi; le 24
mars 1462, et les biens de Roussillon sont donnés à Imbert pour
la dot de Georgette L'amour donne des ailes Montchenu,
pressé chaque jour, écrivit à son épouse, la châtelaine Jacquette
de Ceville, de livrer Georgette à Baternay Celui-ci de son
côté, se rendit à Châteauneuf, suivi de plusieurs archers et de
plus de soixante personnes, conduisit à l'autel la victime de sa
passion et vint ensuite consommer le mariage à Charmes Dès ce
moment, Montchenu eut la liberté de se retirer où il voudrait
À peine arrivé en Dauphiné, il qualifie hautement Louis XI de
tyran et Baternay de ravisseur! Le procureur au parlement

reçoit l'ordre d'arrêter mort ou vif le seigneur Falques qui est, de nouveau, mis en prison — Il lui faut, pour se libérer, ratifier une seconde fois ce qui a été fait Falques proteste bientôt de la nullité de ce consentement, et, pour échapper à de nouvelles poursuites, il passe, avec sa femme, dans les états de Savoie En vain comptait il sur les revenus des ses terres, elles sont d'abord dévolues au roi, puis confisquées par arrêt du 20 septembre 1465, et enfin données par le monarque à son favori Imbert Qu'on juge de la détresse du seigneur fugitif! Il fut, dit-on, contraint de mendier! ses amis, néanmoins, ne lui firent pas défaut en cette circonstance, mais ils ne pouvaient agir qu'en secret Georgette parvint cependant à adoucir son mari, qui obtint une entrevue du prince Louis avec Montchenu Falques parla au monarque avec une fierté et une hauteur qui faillirent le mettre de nouveau sous les verrous Ses amis l engagèrent alors à plier il céda, mais ses protestations ne tardèrent pas à reparaître Il ne put obtenir que ses biens personnels, ceux de Roussillon formant irrévocablement la dot de Georgette Son fils ne fut pas plus heureux que lui dans le procès qu'il intenta à Imbert Le favori du roi avait toujours gain de cause

Imbert eut de Georgette, entr'autres enfants, Jeanne de Baternay, épouse du seigneur de Saint-Vallier et mère de la célèbre Diane de Poitiers

René de Baternay épousa Isabelle de Savoie-Villars et eut, entr'autres enfants, Marie, alliée à Guillaume II, vicomte de Joyeuse, père du cardinal de ce nom et de Henri, comte de Bouchage, qui se fit plus tard capucin et fut connu sur le nom de Père Ange; — Anne ou Jeanne, épouse de Bernard de Nogaret, seigneur de la Valette, gouverneur du Dauphiné et de la Provence Les de Goth, dont sortit le pape Clément V, portèrent ensuite le nom de Baternav et furent marquis d'Anthon, à cause d Hélène de Nogaret, mariée avec Jacques, baron de Rouillac, dans le dix-septième siècle; — Gabrielle de Baternay qui donna sa main, en 1570, à Gaspard de la Châtre, d'une illustre et ancienne famille du Berry

François de Baternay s'était allié à l'illustre maison de Maillé, de la Touraine, et mourut en 1513 — On trouve un Antoine de Baternay, bailly de Caen et seigneur de Vaugris, — Anne de Baternay, femme de Jean Daillon, premier comte de Lude (1550) et Claude de Bathernay, comte du Bouchage, qui laissa veuve Jacqueline de Montbel-entre Monts — Ce Claude, baron d'Anthon, jeune homme d'un rare mérite et l unique espoir de la maison des comtes du Bouchage, fut percé de coups à la bataille que livrèrent, entre Paris et Saint-Denis, les catholiques et les protestants (10 novembre 1567) (1), Cujas prononça son éloge funèbre

Les châteaux de Belle Garde et de Saint Donat avaient été cédés en échange par Henri, baron de Montauban et de Meuillon, à Jean de Montlupel, damoiseau, seigneur de Coligny, contre les villages et mandements de Montlupel et de la Bâtie, moyennant 1020 livres annuellement Mais, en 1335, le seigneur de Coligny, se prétendant lésé dans cet échange, adressa une plainte à Humbert II qui, pour l'indemniser, lui céda *les châteaux, ville et mandement de Montrigaud*, et de fortes sommes sur les gabelles de Saint Marcellin (2)

Jean de Montluel, 1356, reconnut tenir en fief, de Henri de Metz, baron de Montauban et de Meuillon, les châteaux de Belle Garde et de Saint Donat (3)

Saint-Donat fut encore cédé en échange au comte de Savoie, par Hugues de Genève, seigneur d'Anthon, dans le traité qui fut conclu entre le comte de Savoie et le dauphin Charles, représenté par Falques de Montchenu et Amblard de Beaumont

Le Dauphin ne se contenta pas des droits que lui assurait le partage, signé par les chanoines du chapitre de Saint Barnard et Humbert II Il fallut que le chapitre lui rendît hommage En même temps, le prince exigea une semblable reconnaissance de l'évêque de Saint-Paul-Trois-Châteaux, qui y consentit volontiers

Mais l'évêque de Gap opposa une fermeté qui parut, d'abord, inébranlable Il dut néanmoins s'humilier En désespoir de cause, il recourut au pape pour avoir son temporel saisi, et s'il conserva ses terres et sa juridiction, il fut obligé, d'après le traité conclu à Saint Donat, trois mois après le voyage de Rome, de demander pardon en toute humilité au fier suzerain, à son tour inflexible (4)

Lors de la guerre du comte de Valentinois avec Pierre de Chatelux, évêque de Valence, l'évêque de Vienne, après avoir entamé des négociations, ordonna au prieur de Saint Donat, à François de Theys et à Guillaume de Rum, d'adresser des observations au comte, au nom de la pitié publique — Comme les bourgeois de Calais devant Edouard, les négociateurs furent arrêtés — Mais la guerre se ralluma bientôt, Alixan fut brûlé, et Glérieux, menacé du même sort, implora le secours des Donnatais qui partirent en grand nombre

(1) De Thou m, 869
(2) Valb 1, 30, 5, 8
(3) Chorier, 1, 812
(4) Chorier, p 353 et 446

De 1228 à 1700, les fondations d universités furent plus acti
ves en France que partout ailleurs Pendant que florissait l uni
versité de Paris, plusieurs villes se laissaient aller au même pen
chant pour les études, et l on vit successivement paraître et
resplendir les universités de vingt cinq villes en province
Valence et Grenoble fournirent leur contingent de savants et de
disciples

Dans un registre des recettes et des dépenses de la ville de
Grenoble, pendant 1339, on voit figurer trois moutons et trois
pièces de bœuf donnés, la veille de la Toussaint, *au prieur de
Saint Donat*, qui était alors le principal professeur de l univer
sité de Grenoble, nommée *la grant écola del prieur de Saynt-
Donat*

On lit encore, dans des notes tenues, en 1340, pour le vin
donné au bailli, au juge majeur du Graisivaudan et à d autres
conseillers du Dauphin

*Item, per l'eschestz de 111 motons, de 3 pièces de bo,
achatays et maytel la vegili de festa Tossany, qui furont
donays el prior de Saint-Dona, per czo qui fût l'ami de la
vila LVIII Soli 16 f 07 96*

Cette note, écrite en patois, se traduit ainsi

« Pour l achat de trois moutons, de trois pièces de bœuf,
» achetés au boucher la veille de la fête de la Toussaint, qui
» furent donnés au prieur de Saint-Donat, pour qu'il fût l ami
» de la ville »

Lorsque Guigues VIII épousa Isabelle, troisième fille de Phi
lippe le Long, la dot de cette princesse était de 30,000 livres,
outre 5,000 livres de douaire; le Dauphin assigna cette dot sur
quatre de ses terres dans le Viennois . Vals, Servès, Peyrins et
Saint Donat (1)

En 1293, Chabert de Clairieu fit hommage de la maison et de
l office de Viguiers, à Guillaume, évêque de Grenoble, sans pré
judice des droits que Pierre Allemand, seigneur d Uriage, avait
à prétendre sur la grande tour de la maison Cet office passa
dans le patrimoine des Rum et des Commiers, en conservant
toutefois le nom de Clairieu, à cause des seigneurs de cette fa
mille, qui l avaient possédé les premiers — Son successeur,
Guillaume de Rum, rendit le même hommage à Leouson de
Temps, prieur de Saint Donat

Le 8 des kalendes de mars de l année 1250, Sylvion de Cla
rieux fut mandé à Saint Donat, devant Pierre Lombard, juge
ordinaire du Dauphin, sous la triple accusation de séquestration

(1) VALBONNAIS, 107, t II

envers Guigues Pazan, de desobéissance aux ordres du Dauphin et de crime de lèse autorité, pour avoir donné asile, dans le château de Clérieux ou de Pisançon, aux meurtriers de Reymond Gualbert, homme lige du Dauphin (1) Sylvion était encore accusé d'avoir caché Gualter de Vatillen, complice des assassins de Berlion de la Cour,

Le procès allait commencer, lorsque Sylvion récusa Pierre Lombard comme suspect et promit de se rendre à Anneyron, devant le dauphin Guigues, se soumettant d'avance à sa volonté et à sa clémence (2)

Le prieur de Saint-Donat et le commandeur de Saint-Paul assistèrent, comme témoins, dans un compte rendu, en 1347, par le recteur de Montfleury, sur un ordre, donné à Romans, par Henri de Villard, archevêque de Lyon (3)

Le *célérier*, officier qui était chargé de recueillir les grains du comte d'Albon, ayant, à Saint-Donat, le soin des vendanges, débitait le vin du seigneur dans les temps fixés par les bans, prélevait, pour salaire, la treizième partie du blé que le comte y levait pour ses cens, et avait droit d'être entretenu, lui et son cheval, pendant le séjour du comte à Saint Donat (4).

Pierre de Salles, prieur de Saint-Donat, fut présent à l'hommage que Siboud de Clermont prêta à Bertrand, archevêque de Vienne, de la mistralie de cette province (5)

Guigues, fils de Guigues André, premier Dauphin de la deuxième race, légua, par son testament, daté de 1267, 30 livres aux Frères Prêcheurs de Valence, et 20 livres au monastère de Saint-Donat (6)

Le Dauphin Jean, dans son testament du 26 août 1318, légua aussi au prieur de Saint Donat 10 livres de rentes, ou 200 livres une fois payées, pour messes

Humbert créa, la même année, 12 conseillers dans chaque bailliage, pour y *assister le baillif* et le juge dans leurs fonctions — Ces conseillers avaient de grands pouvoirs, entr'autres ceux d'acquérir des hommages et des terres, et de signer tout

(1) On appelait homme lige le vassal obligé plus étroitement que dans l'hommage simple envers son seigneur, qu'il devait servir envers et contre tous. La plupart des auteurs font dériver le mot lige d'une cérémonie qu'on faisait en rendant la foi et l'hommage, cérémonie qui consistait à lier le poing au vassal ou à lui serrer les mains dans celles du seigneur, pour montrer qu'il était lié par son serment de fidélité
(2) VALBONNAYS, t. 1, p. 42
(3) VALBONNAYS, p 88
(4) VALBONNAYS
(5) VALBONNAYS, p 277
(6) VALBONNAYS, p 277

traité utile au Dauphin — Le commandeur de Saint-Paul et André de Molans, prieur de Saint Donat, furent investis de ces fonctions dans le baillage de Vienne

Un acte de concession, daté de 1344, par Humbert II au prieur de Saint-Robert, porte que Leouzon de Lemps, prieur de Saint-Donat, était docteur des décrets Leouzon assista à l'arrangement qui eut lieu, en 1347, entre le Dauphin et Jean, archevêque de Milan, ainsi que Lucquien, son frère, fils de Mathieu Visconti, premier seigneur de cette ville, mort en 1352 Il assista aussi à la cession des droits que le Dauphin consentit, le 5 janvier 1350, sur les biens des juifs accusés d'avoir empoisonné les puits

En 1300, le prévôt d'Oulx fit régler ses droits sur le chapitre de Saint Donat

D'après l'acte, il avait le pouvoir de visiter le prieuré une fois l'an, aux dépens de cette maison, et d'y demeurer deux nuits et un jour, il pouvait rechercher, corriger et réformer le prieur, les chanoines et les convers du prieuré, dans quatre cas : pour coups portés aux chanoines, pour vol, pour incontinence et pour jeux en public.

Les coupables devaient être envoyés à Oulx pour y être punis En cas d'excès de la part du prévôt d'Oulx, les chanoines avaient recours à l'archevêque de Vienne

Lorsque le prieur de Saint Donat était élu, l'archevêque de Vienne le confirmait pour le temporel et le prévôt pour le spirituel — Le prieur devait être pris parmi les chanoines de Saint-Donat ou ceux d'Oulx — Si l'archevêque destituait le prieur, le prévôt devait s'incliner devant cette décision — Une fois élu, le prieur devait obéissance au prévôt d'Oulx — Les novices du chapitre de Saint-Donat étaient tenus d'aller à Oulx faire profession, jurer obéissance au prévôt et y demeurer un an — Trois chanoines d'Oulx, instruits dans la règle, pouvaient résider à Saint-Donat, au même titre que les autres — Les chanoines ne pouvaient aliéner les biens du prieuré sur lesquels le prévôt avait droit de repas, sans son consentement — Enfin, un seul chanoine d'Oulx avait voix élective à Saint Donat

XVIII.

Ici s'arrêtent les souvenirs que l'histoire nous a transmis sur Saint Donat Il est certainement à regretter qu'elle ait gardé le silence sur d'autres particularités dont la révélation eût jeté de vives lumières sur la physionomie d'une époque si différente de celle où nous vivons, par ses mœurs et ses formes sociales

La révolution de 93, comme Eurynome assise sur sa peau de vautour, montrant toujours les dents, ne dévorait pas seulement ses enfants, à l'exemple de Saturne, — le vandalisme révolutionnaire, avalanche profonde et terrible, qui, dans son vol tempétueux, brisait le chêne et le roseau, abattit aussi son épée de Damoclès sur les choses les plus inoffensives et les plus précieuses pour l'histoire des peuples — L'inquisition alluma le brasier du tortionnaire et resta impassible et froide devant ses victimes - 89 rétablit le bûcher de la censure rouge, ivre de cette ivresse de la jeunesse et de la vengeance, plus forte que celle du vin — Son ongle de fer imprima sa marque ardente sur ces vieux titres de nos pères, et, dès lors, la nuit se fit plus obscure, le feu anéantit le peu que l'ongle avait oublié

Que de renseignements, procès verbaux, chartes et terriers furent ainsi détruits à tout jamais, dans cet auto-da fé universel l Nous en portons le deuil, en nous attachant, comme à la seule planche de salut, à ces quelques notes, rares et incomplètes, échappées à la fureur du minotaure et recueillies comme par miracle ou conservées par la tradition

Saint Donat offre à l'antiquaire des vestiges de vieux édifices fort curieux sous le rapport architectonique

L'église, construction du neuvième siècle ou du commencement du dixième, mérite d'être étudiée Le cloître, maintenant presque en ruines, présente quelques ornements de style roman fort bien exécutés, à côté des productions bizarres et tourmentées du ciseau gothique

Il y aurait là un travail important de restitution à exécuter. La fureur des guerres civiles au seizième siècle, et le temps, ont porté le ravage parmi ces ruines dont l'aspect est presque désolé

Les bas-reliefs et les statues de l'église peuvent bien être classés vers le milieu du moyen âge

A la fin du moyén-âge, il est vrai, à l'époque dite de la Renaissance, au seizième siècle, les idées se portèrent en foule vers le matérialisme païen, l'iconographie chrétienne disparut bientot de nos édifices religieux, y laissant à peine quelques souvenirs de son brillant passage

Mais il faut remarquer que cet art remonte à l'antiquité la plus reculée, soit qu'on l'envisage sous le point de vue purement plastique, soit qu'on le cherche dans les écrits des philosophes et des orateurs, — et pendant que l'art de nos pères, sortant des cryptes souterraines pour se développer à la lumière, prit la voie symbolique pour exprimer les grandes vérités chrétiennes, les allégories et les attributs de la fable remplaçaient les images et les exemples chrétiens, — surtout quand il s'agissait d'un temple dédié à Jupiter Consolès, archivoltes et voussures des portails, colonnes et jambages se parent de plantes et de fruits où s'accrochent les monstres, où ricanent des figures sataniques — Les ferrures des portes saintes elles-mêmes ont germé, et les petits oiseaux y chantent l'Auteur de la vie sans craindre la gueule béante des monstres qui voudraient bien les dévorer

Ces créations brillèrent surtout sur la fin du onzième siècle, et c'est contre elles que paraît dirigée une des plus éloquentes invectives de saint Bernard « Mais dans les cloîtres, devant les » frères occupés à lire, à quoi servent ces monstruosités ridi- » cules, ces sortes d'admirables beautés difformes, ou ces belles » difformités ? Que font là ces singes immondes, et ces farou- » ches lions, et ces monstrueux centaures, et ces moitiés » d'hommes, et ces tigres tachetés, et ces soldats combattants, » et ces chasseurs sonnant du cor ? » etc

Toutes ces sculptures si laborieusement exécutées avaient-elles une signification ? Seraient-elles la continuation du symbolisme inspiré par le christianisme, ou bien n'y faudrait-il voir que des caprices sans portée, créations bizarres de bizarres imaginations ? — La question est complexe et demanderait, pour être traitée convenablement, des développements qui ne sauraient ici trouver place

La grande fenêtre du chœur paraît, par sa forme ogivale primitive, appartenir au onzième siècle Ce sont bien là les colonnades minces et allongées, dénuées de tout ornement, mais qui, peu à peu, se garnissent de quelques voussures, décorées de tores ou boudins venant s'appuyer sur des colonnettes, et formant l'un des caractères les plus frappants du style ogival Dans le chœur, l'introduction d'arcs-boutants qui s'appuient, d'un côté, sur les contre forts des basses-nefs, et, de l autre, vont soutenir les murs du grand comble, indique une des principales et des plus remarquables innovations de l'archi tecture gothique

Le chœur s'allonge. La chapelle placée dans l'abside commence à prendre un plus grand développement et est consacrée à la Vierge On introduisit plus tard, les chapelles des nefs latérales qui se retrouvent encore dans les église du treizième siècle

Maintenant, beaucoup de choses sont changées. Grâce à la sollicitude et au dévouement du vénérable pasteur qui dirige, avec tant d'intelligence et de zèle, cette partie du troupeau confiée à sa houlette, l église a pris un caractère plus grave et plus religieux, sinon plus riche au point de vue de l art

De nombreuses statues mutilées, satyres, faunes, dryades et sylvains, symbole éteint du paganisme, ornent encore de leurs torses dénudés, les arceaux incomplets des cloîtres décrépits

En 1618 le clocher, monument dont il faut regretter la perte, non seulement comme œuvre d'art, mais comme témoignage historique, — c est sur ce clocher qu'était gravée l inscription dont le texte est une preuve de l'occupation du diocèse de Grenoble par les Sarrazins — ce clocher, dis je, s'écroula tout-à coup avec fracas Le récit de cet évènement est consigné dans une pièce de vers du temps que nous a conservé le bon chanoine Chalvet

Je la donne comme un parfait modèle de naïveté, en faisant observer toutefois que ces vers sont antérieurs au *Cid*

Après les premières années
Ft que, pour nos fautes passées,
Le prieuré de Saint-Donat
Fut aux enfants de Loyola,
Ce beau clocher qui, contre terre,
Fit plus de bruit que le tonnerre,
Tomba, l an seize cent dix huit,
La veille saint Luc, sur la nuit
La cause n en fut pas connue
Ft jamais tour ne s'était vue
Menacer moins de succomber
Que ce beau clocher de tomber.
Pourtant, de trois parties, une,
Faisant voir son dos à la lune,
En diminua la largeur,
Ft non tout à fait la hauteur,
Car deux côtés, moitié de quatre,
Y demeurèrent sans s abattre,
Mais au lieu de les retablir,

On les fit bientôt démolir !
Las ! que cette triste aventure
Nous fit bien changer de posture !
Le peuple en fut tout désolé
Comme s il eut été volé
Ma femme et moi, presque imbéciles,
Etions comme gens inutiles,
Faibles en nos plus grands efforts,
Languissants d esprit et de corps,
Il nous semblait que le tonnerre,
Eut renversé rez pied rez terre,
Le vieux château et la prison
Qui sont joignant notre maison
Diriez vous que les calvinistes
Paraissaient en être tout tristes
Surtout Jean Arlande Grollier
Et Pierre Blachon, charpentier,
Car cette troisième partie
Etait si haute et si jolie

Qu'elle était tout l honneur du lieu,
Comme un présent venu de Dieu !
Les quatres doubles fénestrages,
Enrichis de divers feuillages
Etaient ouverts de tous côtés
Tout au dessus notre marmaille,
Par un escalier dans muraille,
Fort semblable à celui d en bas,
S en allait prendre ses ébats !
Il était fait en plate forme
Et la balustrade conforme,
De pierre de taille à l entour,
Fermait cette petite tour,
Dont la cime était supportée
D une voûte bien travaillée
Le tout de beaux matériaux,
Tel qu on voit aux palais royaux !
Les créneaux de la para-bande,
Ainsi qu une riche guirlande,
Couronnaient ce clocher fameux
Le roi de ceux des autres lieux
C était sur cette haute cime
Que l on chantait, en bonne rime,
Les Noels depuis les advents,
Jusques à la fin de leurs temps,
Et puis, de là, l artillerie
Saluait Jésus et Marie ;
Nos canoniers, fort braves gens,

Répondaient à ceux de Romans
Neuf choses achevaient la grâce
De cette forte et belle place,
Avant que ces loups d huguenots
Eussent troublé notre repos
C était aussi la place d armes,
Lors des périls et des alarmes,
Que nos ennemis redoutaient
Toutes les fois qu ils la voyaient
Enfin cette riche relique
Etait quasi comme l unique
Des belles choses d autrefois
Qui ravissaient même les rois !
Ce que j ai vu, je puis le dire
Mais, hélas ! la douleur empire
D avoir d un bien le souvenir,
Sans l espérer pour l avenir.
Dieu tout puissant, sois nous propice
Et si, parfois, ton saint service
Se manque, pour nous y sonner,
Qu il lui plaise nous pardonner
Et qu un jour nous voyons remise
Cette si vénérable église
En l état où nous l avons veu !
Seigneur Dieu ! exauce mon vœu !
Et celui de toute ma race,
Qui t en prie avec moi de grâce !

Ces vers, d'un genre burlesque, s'il en fut, se rapprochent beaucoup de la manière du gazetier Lorret, et de ses deux continuateurs Du Laurens et Hauteville

Peut-être, comme Lorret, Chalvet faisait il ses vers,

Par l instinct et le zèle
D une lumière naturelle,
Et non point par capacité,
Puisqu il n avait jamais hanté
Ces collèges scientifiques
Où, par d admirables rubriques,
De grimaut on devient autheur,
Et de simple écolier docteur !

Mais, à coup sûr, il ne signait pas ses productions comme Lorret le faisait toujours en vers

Fait, aujourd hui par moi Lorret,
Au nez couleur de vin clairet !

Un tableau, peint sur toile, placé à gauche du chœur de l église, rappelle un antique sujet que la tradition populaire a consacré — la crédulité naïve des enfants et des bonnes femmes, dans ces temps bienheureux, cet âge d'or, où l'on croyait aux loups garous et aux diablotins, a trouvé, là, à grands renforts d'imagination, l'origine de l'appellation de Jovinzieu par Saint-Donat. Le Saint, en surplis et portant l'étole, terrassant un monstre, un dragon à plusieurs queues et l'enchaînant malgré ses efforts de continue, parut un envoyé du ciel, et le peuple, par reconnaissance, aurait appelé du nom de son libérateur le bourg ainsi délivré — Ceci déroute un peu la donnée des savants qui ne croient faire mieux que d'aller chercher l'origine des appellations de nos villages dans les annales étymologiques de Pergame et de Rome !

J'ai lu, dans un abrégé de la vie du Saint, pondieux martyrologe que bien d'autres ont lu avant moi « Que saint Donat
» se retira au point de l'Eure, où il établit sa demeure, sans
» avoir égard aux serpents et an maux monstrueux qui occu
» paient cette place, ni aux fréquents tonnerres, lesquels y
» faisaient retentir un bruit effroyable Quelque temps après, se
» rencontra un épouvantable et prodigieux dragon qui, par la
» puanteur de son haleine, infectait ladite place Cette hideuse
» beste, du premier abord, intimida aucunement ce saint
» personnage, lequel néanmoins ne demeura pas longtemps en
    telle crainte, mais affermissant son courage d'une grande
    espérance en notre Seigneur, se prosterna incontinent à
» genoux, priant Dieu le délivrer de la gueule béante de cet
» horrible monstre Sa prière ne fut pas escondute car ce
» dragon fut tellement effrayé par l'aspect de ce sainct person-
» nage que, ne pouvant subsister en sa présence, il s'élança
› impétueusement dans le fleuve de la Durance, avec une troupe
» de plusieurs serpents, lesquels, depuis, ne furent oncques
» apperçus en ce lieu »

Avec quelques légères variantes, le peintre a reproduit le récit de l'hagiographe

Cette notice biographique se termine par ces mots

« Et encor que présentement l'on ignore où gist le sacré corps
» de ce Sainct glorieux, néanmoins, par les papiers du _prioré_,
» surnommé de Saint Donat, à présent annexé au collège des
» Jésuites de Tournon, l'on trouve dans le catalogue des
› reliques dudit prioré, le chef dudict Saint-Donat on ne sçait
» pas s'il y est en entier, veu que ceux de Sisteron assurent
» qu'ils en étaient jadis dépositaires et gardiens, devant le
» ravage des calvinistes, par lesquels il a été empo té Le jour
› de sa fête est marqué au bréviaire romain, le 18 du mois
» d'août »

Il ne m'appartient pas de discuter ici l'authenticité de la

translation du corps de saint Donat, qui me paraît plus que douteuse Du Saussay, dans son martyrologe des Saints de France assure bien que saint Donat fut transporté de la grotte où on l'ensevelit, dans l'église de Notre-Dame, à Sisteron, mais il semble douter que ces restes aient été emportés par l'évêque de Grenoble, dans le bas comté viennois Tillemont est du même avis D'ailleurs l'église d'Embrun prétend posséder les reliques des saints Vincent, Oronce et Victor que Martin et les autres chroniqueurs font trouver à Saint-Donat Cette contradiction n'étonnera personne quand on saura que saint Mummola, deuxième abbé de Fleury, fait transporter dans son monastère les ossements de saint Benoît tandis que d'autres écrivent qu'on trouva le corps de saint Benoît, dans le grand autel de Mont Cassin, longtemps après On cite cependant, de part et d'autre, des bulles de souverains Pontifes Les reliques de saint Aigulfe ou Ayon sont révérées à Provins, en Brie, quoique le monastère de Lerins se glorifie de les avoir encore Six églises différentes se disputent la gloire de posséder le chef de Saint Léger (1)

Ces discussions interminables affligent tout le monde, et ne mettent pas souvent la vérité au grand jour D'ailleurs, il est de bon goût de laisser à chacun sa croyance, n'eût il que la foi du charbonnier

Le bréviaire de Saint-Donat différait du romain en ce que les 150 psaumes de David y étaient placés dans le même ordre que dans la Bible, sans aucune séparation aux heures canoniales Les invitatoires, hymnes et antiennes des matines, laudes et vêpres étaient les mêmes qu'au Romain Seulement le premier nocturne du dimanche avait 14 psaumes tandis que le Romain n'en avait que douze

Après les psaumes venaient les cantiques de la Bible pour les féries, et des litanies spéciales pour l'invocation de tous les patrons, sans oublier saint Hugues, évêque de Grenoble Venaient ensuite les absolutions, bénédictions, capitules et oraisons communes où se trouvaient les deux versets suivants en l'honneur de saint Donat

Cœli civi agie Donate
Regem regum pro nobis deprecari satage
Ut præsenti cursu finito,
Perenni solio
Queamus tecum sedere

(1) Jacques Longueval, Jésuite célèbre — L'Eglise gallicane histoire qui se distingue par une critique judicieuse et par le choix des faits T, IV, p 29 6 et 121

Gloriose vir, Donate fidelis,
Altissimé qui lœtaris infinité
Cœli arce perfrui, flagitantibus que tuis
Intercede pro famulis

L'arrangement de tous ces suffrages semble à Chalvet dé noter l'invasion sarrazine et je ne le lui contesterai pas. Il trouve aussi de grands rapports entre une oraison des litanies du bréviaire et la charte de Louis, fils de Boson.

Il ajoute même « Isaac et son clergé trouvèrent en saint Donat et en son nom toutes les allusions qu'ils pouvaient souhaiter en pareille rencontre; sa fuite d'Orléans, sa vie solitaire, son nom plein de libéralité, enfin tout contribua à l'échange du nom de Jovinzieu en celui de Saint-Donat (1) »

Le manuscrit de Chalvet contient un grand nombre d'antiennes et responsoires propres à la fête de saint Donat. Il y est célébré dans toutes les formes et sur tous les tons. Dans le premier nocturne les antiennes rimées donnent la vie du saint et racontent ses miracles.

 D'abord, c'est le dragon

  Limes arctus et collis arduus,
  Et Dragonis terror præcipuus
  Nequit sancti mentem retrahere
  Ad manendum montem conscendere
   Draco jussus fugit à patria
  Fugam cujus novit Durantia
   Ad manendum

 Puis, c'est le chemin fait par le diable

  Refragata lucta levatur mons
  Et mirando certamine Dœmon,
  Planat iter quod erat invium
  Confessoris agens imperium
  Hostis nequamdum saxa bajulat
  Laborando gemitat ululat
  Confessoris agens imperium

 Viennent ensuite des raisins merveilleux

  In novello vitis propagine
  Botrus prægnans miro germine
  Vinum fundit in abundantia
  Ut clarescant Dei magnalia
  Præcens potus fecundi calicis
  Causam præbet credendi rusticus
  Ut clarescant Dei magnalia

(1) Fol 171

7

Uvarum decipit agrestem species
Et vexit avidum ventris ingluvies
Sed Botri miserum gustus exasperat
Donec vir Domini clamantem liberat
    Non valuit demum
Vomere aut glutire racemum
Donec vir Domini clamantem liberat

Après, il s'agit d'un voleur :

Importunas furator olens
Fascem fecit non parvi ponderis
Sed nec illic exire potuit
Nec ponendi fascem fas habuit
    Solvitur exire
Finitur correptus abire
Et ponendi fascem fas habuit

La guérison d'un aveugle

Vir invictæ misericordia
Senatoris videtur filiæ
Scriptum illud tenens memoriæ
Fili ne sis memor injuriæ
In conspectu astantis populi
Cæci lumen resumunt oculi
Fili ne sis m mor injuriæ

Enfin, c'est une mère cruelle

Hevæ matris dira crudelitas
Nato negat res cuivi debitas
Sed infanti sufficientia
Cerva dedit lactis œdulia
Prœtermissà naturæ reguli
Mater negat dat cervo pabula
    Lactis edula

Je ne parlerai que de l histoire du dragon qui n est pas neuve dans les annales de l Eglise et du moyen âge — On prétend que saint Romain, évêque de Rouen, tua un dragon avec le secours d un meurtrier En mémoire de ce fait, on faisait grâce, chaque année, le jour de l'ascension, à un criminel convaincu de meurtre. — Le chapitre de la cathédrale avait le choix du sujet à délivrer, et, avant de le mettre en liberté il lui faisait lever la fierte ou châsse du Saint — Bien que cette tradition, autorisée par un usage si singulier, paraisse à l'abri de la critique, « ce n'est pas y donner atteinte, dit Longueval, que de dire que ce dragon n est probablement que le symbole de quel que mal dont saint Romain aurait délivré son peuple C est apparemment la raison pourquoi tant de saints sont représentés avec des dragons terrassés ou enchaînés » Des auteurs assurent que la gargouille de saint Romain n'est autre chose qu'une inondation de la Seine dont le prélat préserva la ville — Saint Isidore, dans ses étymologies, dit *constat hydram esse locum evo mentem aquas vastantes viciuam civitatem, nam hydra ab aquis dicta* (1)

Les dragons jouent un grand rôle dans l'esprit du populaire, au moyen-âge Il en voyait partout — Lorsqu'il y avait une éclipse de lune, dans la persuasion où l'on était que l'astre des nuits était aux prises avec un monstre, on faisait un affreux tintamarre tout le temps de l'éclipse, pour effrayer le dragon *Vince luna ! vince luna !* vociférait on — Ce fût à tel point que saint Eloi, dans ses sermons ou homélies, défendit de semblables cris, en 659 (2)

L histoire romaine mentionne également un serpent de 120 pieds que les troupes de Régulus tuèrent en Afrique — Celle des Chevaliers de Rhodes parle d un autre dragon qui infestait l île, — et la Gaule poétique décrit, avec le plus brillant coloris, le combat de Tustin contre un monstre pareil, en Italie

Un rocher de Hautecombe où l on voit l'empreinte d un soulier s appelle le *pas du moine* Voici pourquoi, selon M Veuillot qui a l'air de prendre la chose au sérieux (3) Les serpents fourmillaient autrefois dans ces parages, un religieux d Hauterive vint les exorciser, et, par la force de ses anathèmes, les força de se jeter dans le lac

De nos jours, les ignorants ne prennent-ils pas encore les météores lumineux pour des dragons ou serpents volants, à pomme d or ?

Les saints ne s en prenaient pas, du reste, aux dragons seuls — Longueval dit, en parlant des historiens de Saint-Guislain, vers 652 « Les fables qu'ils débitent touchant un Aigle et un Ours sont des pieuves de leur crédulité, et je pourrais les rapporter pour égayer cette histoire »

Les moines de Saint-Guislain, moins incrédules que l histo rien, ont toujours eu soin, en mémoire de leur patron, d avoir, dans leur abbaye, un Aigle et Ours Ils se feraient scrupule d y manquer (4) »

Ne craignons pas de soulever le voile qui recouvre ces prétendues apparitions de dragons et de vampires Préférons, comme le grand Annibal l avis d'un général habile à celui d un

(1) III, 466, texte et note
(2) LONGUEVAL, IV, 47
(3) Pèlerinages suisses, t I, p 222
(4) LONGUEVAL, IV, 20

foie de mouton, ou, comme Scipion l'Africain, si nous tombons, en abordant au rivage, prenons-en possession, et détruisons ainsi le charme fatal.

Le prétendu démon familier de Socrate et cette nymphe Egérie que le roi Numa consultait dans le silence des bois, sont d'admirables symboles qui témoignent du génie de deux grands hommes n'hésitant pas à descendre ou plutôt à s'élever à des mensonges sublimes pour forcer la crédulité populaire, qu'ils ne pouvaient déraciner, à porter au moins des fruits de gloire et de grandeur — Mais de la haute moralité pour laquelle ont été inventées ces fables sublimes, à ces contes ridicules qui les parodient, il y a un abîme On a démenti, et avec raison, l'apparition d'anges aux imaginations exaltées, au paysan Martin, sous Louis XVIII, à Jeanne d'Arc même, sous Charles VII — noble exaltation celle là, qu'inspira l'amour de la patrie, et qui, d'une femme, fit un héros pour ne pas dire une martyre ! Varron, Pomponius Méla, Strabon et Virgile se sont faits les historiens des loups garous, et personne n'y croit cependant

Nous pouvons donc dire — sans pour cela douter de la puissance des saints auprès de Dieu, — que le dragon que saint Donat enchaîne avec son étole, est tout uniment de la famille de l'Hydre de Lerne, comme ceux qui traînaient le char de Médée, — comme celui qui gardait les pommes d'or du jardin des Hespérides, comme ce dragon familier que Suétone fait manger dans la main de Tibère, et celui de 50 coudées qu'Auguste tenait en laisse en se promenant, tous dragons apocryphes légendaires et fabuleux !

XIX.

Un grand nombre des faits qui composent cette histoire sont tirés d'un manuscrit intitulé *livre historique du prieuré de Saint-Donat*, et portant pour épigraphe ces paroles tirées du pseaume 101 *scribantur hæc in generatione altera*

L'auteur de cet ouvrage est Claude Chalvet, chanoine et capiscol de ladite église, et que l'on a mal à propos confondu avec Charvet, l'historien de l'église de Vienne, mort après 1700, date approximative du décès de Chalvet Du reste, celui-ci cite plusieurs passages de son quasi homonyme, ce qui ne laisse aucun doute à cet égard

Ce manuscrit, écrit en grande partie dans l'idiome de la basse latinité, paraît être la reproduction d'un petit livre qui se trouvait encore, vers 1660, entre les mains du capiscol Simon de Maisonneuve, qui le tenait de Marc Villatte, aumonier du prieuré, décédé en 1651 — Il portait la signature du capiscol, ainsi que celle du notaire Jullien, commissaire du parlement et fut soumis à la vérification de la cour de Grenoble, à la suite d'un procès qui survint entre le curé et le chapitre, vers l an 1660 Les pièces qu il contenait déterminèrent le parlement à adjuger au chapitre tous les droits honorifiques de l ancien curé, et en 1690, cet arrêt fut employé dans celui du chapitre de Notre Dame de Grenoble

Ce manuscrit est la propriété de M Emile Giraud, ancien député, savant et modeste antiquaire, habile et studieux historien, qui a bien voulu confier à mon insuffisance la traduction et la copie de ces pages précieuses pour nos annales Je le prie de recevoir ici mes sincères remerciements

Dès 1600, le prieuré de Saint Donat dégénère considérablement On n y trouve plus à cette date que deux chanoines dont l un était curé de la paroisse, et l autre si caduc que les habitants s adressèrent à l archevêque de Vienne, pour lui demander une pension en faveur de ce vieux prêtre, nommé Gros, « bon coliste, disent-ils, pour avoir été entretenu et nourri en l église de Saint-Barnard, à Romans, et homme de bonne conversation, mais aujourd hui si caduc qu il peut, à grand peine, se rendre du cloître à l église

En 1602, Jean Chosson, prieur de Saint-Donat, alberge à Jean Roustille, notaire à Charmes, tous les droits et revenus du prieuré consistant en rentes, censes pensions, lods dîmes, etc , avec le grangeage de Lippé, dépendant du prieuré, et ce, pour six années, au prix de 166 écus et deux tiers par an indépendamment de 12 chapons et la charge d acquitter chaque année, un sétier de froment au noble Antoine de Solignac, de fournir le pain et le vin aux prêtres habitués de supporter les aumônes et et de payer les portions congrues aux curés des paroisses sous le patronage du prieuré

Cette année là on cessa de célébrer la fête patronale de saint André qui attirait beaucoup de marchands et la jeunesse d alentour, au hameau des Faures à deux kilomètres de Saint Donat

Le pays qui nous occupe a vu naître Guillaume Augier troubadour célèbre vers la fin du douzième siècle, c est à dire à l époque la plus florissante de cette littérature provençale qui mourut avant le quinzième siècle

La véritable, la vivante inspiration des troubadours était chrétienne, mais la poésie n'était pas seulement animée par la foi, elle chantait aussi l'amour, l'amour chevaleresque, tel que l'avait créé le moyen âge, lorsque, renversant les rôles, il avait relevé la femme que l'antiquité nous représente comme suppliante, et en avait fait *la dame, domina !*

Les troubadours, souverains dispensateurs de la renommée, avaient une grande puissance On les redoutait, on les courtisait beaucoup Poètes errants, ils allaient de province en province, de château en château, comme les Aèdes dont parle Homère, portant partout l'indépendance de leur mobile imagination — Modèles de courtoisie et d'élégance dans un siècle barbare, ils répandaient le goût de la poésie et de la politesse, Lien entre les portions éparses de la société féodale qui tendait à l'isolement, ils établissaient des relations et des sympathies entre des hommes qui, sans eux, n'auraient communiqué que par la guerre La joie, les plaisirs les accompagnaient toujours, ils égayaient les festins et les fêtes et par leurs récits et par leurs chants Aussi les châtelains réservaient ils l'accueil le plus prévenant à ces illustres parasites, et les troubadours s'en allaient comblés de présents, on leur donnait des habits, des armes, des chevaux, ils recevaient même des terres et des rentes

Guillaume Augier s'attacha, d'abord, à Reymc Bélenger IV, comte de Provence, qui mourut en 1245 laissant la Provence, qui perdit ainsi sa nationalité, sous la domination d'un prince français, Charles d'Anjou Les troubadours essayèrent en vain de lutter contre les envahissements de la France Boniface III de Castellanne réussit à soulever Marseille contre son nouveau maître, mais, livré à Charles d'Anjou, il fut décapité

Alors Augier se retira en Lombardie où il résida jusqu'à sa mort Il fréquenta beaucoup la cour de l'empereur Frédéric II qu'il célébra dans ses chansons

Notre poète a composé un grand nombre de sirventes et de tensons, satires dialoguées et pièces satiriques sur les mœurs — Il ne reste plus, de lui, que huit pièces, parmi lesquelles, dit un contemporain, se trouvent des traits dignes d'être conservés

Je regrette de ne pouvoir offrir à mes lecteurs quelques unes de ces pièces qui furent admirées dans un temps où cette poésie originale, représentant des idées, des sentiments, des mœurs, nous a légué des beautés qu'elle a trouvées, des images inconnues, des formes nouvelles mille tournures ingénieuses pleines de grace et d'esprit, que l'on n'ose plus louer tant elles sont devenues banales, mais dont l'invention fut charmante

Vainement quelques amis ont interrogé, pour moi, les auteurs

de l'époque — Le silence qui se fait autour du nom de Guil
laume Augier s'explique peut-être par cette phrase de Fauriel,
sur les chants de ces troubadours qui avaient quitté la France —
voici la seule appréciation qu'il leur consacre :

« On a peu de chants provençaux sur les croisades de l'empe-
» reur Frédéric II, et ceux que l'on a appartiennent tous à des
» troubadours particulièrement dévoués à Frédéric, qui prê-
» chèrent la croisade dans son intérêt personnel, nullement dans
» l'intérêt général du christianisme et de l'Eglise — Ces chants
» sont encore élégants et corrects, en ce qui tient à la diction et
» à la vérification, mais ils ne sont, au fond, que des répétitions
» peu variées des précédents Il ne se distinguent guères que
» par des traits directs de satire contre le clergé »

Plus heureux que Vital de Blois qui florissait aussi vers la fin
du douzième siècle, Guillaume Augier a laissé un nom, mais on
trouve, à ce qu'il paraît, dans ses œuvres, le défaut capital des
écrivains de l'époque l'abus des antithèses et des jeux de
mots (1)

L'importance de Saint-Donat au moyen âge a été de beaucoup
exagérée par quelques auteurs, amis du merveilleux, écrivant
l'histoire à la manière de l'Arioste, dans son poème sur la maison
ducale d'Est, ouvrage qui lui valut ce gentil compliment du car
dinal Hypolite « Maître Lodovic, où donc avez vous pris
tant de sottises ?

Les paysans, — ces Machiavels en blouse, comme les appelle
Balzac — poussés par l'amour du clocher, ont bravement renchéri
sur le récit des légendaires, et ils ont bâti, dans leur imagination, cette folle du logis, tous ces châteaux forts dont l'Espagne
seule a les honneurs Honni soit qui mal y pense ! mais je le
déclare, Saint Donat n'a jamais eu l'importance que nous lui
voyons aujourd'hui

En 1531, il ne comptait que dix feux assignés au bailliage de
Saint Marcellin D'après les mémoires de Bouchu, Saint Donat
n'avait en 1698, que 948 habitants

A travers les âges ténébreux qui se sont écoulés, nous l'aper
cevons se développer et grandir, lentement et progressivement
— Si son berceau est couvert de nuages, il nous apparaît néanmoins encore enveloppé de langes qu'il est, il est vrai, sur le
point de jeter aux quatre vents, mais qui lui sont, pourtant,
d'un utile secours, pour cacher sa nudité — Rien ne prouve

(1) Quelques historiens et entre tres M F Giraud, font paraître à
Saint Donat l'historiographe de l'Eglise de Vienne Charvet Sur une
pareille autorité nous pouvons très bien revendiquer pour ce pays cette
autre illustration

que l agglomération donataise ait franchi la ceintûre de remparts qui l englobe encore aujourd hui, de ses ruines, — pages de granit que le temps lui-même n'a pu dévoier, et dans lesquelles on peut lire la vérité de ce que j avance

Jadis la civilisation ne marchait pas, comme aujourd hui, sur l aile de l électricité ou sur le dos d une locomotive La marche du progrès était lente et paresseuse, La société ne faisait encore qu'ébaucher l ouvrage que notre siècle, nouveau Pygmalion, devait animer de son souffle créateur !

Autrefois, tout clerc de la basoche, tout historien, tout biographe se croyait obligé de décorer du titre pompeux de ville, le plus modeste village, presque un hameau Voilà pourquoi long-temps on a cru, et beaucoup de gens croient encore que cette appellation devait nécessairement entrainer avec elle, tout ce qui, de nos jours, constitue l existence d une ville

Depuis cinquante ans on fouille, creuse, remue, en tous sens, le sol, avec une incroyable activité, pour les besoins de l agriculture, et jamais la pioche ou le marteau n a ébréché le plus petit moellon enfoui dans la terre Seulement le laboureur, en creusant son sillon, a, plus d une fois, rencontré des ossements humains d une grandeur colossale, jetés pêle mêle avec des haches d armes, des gèses et des matères — Il y a quelques années, un propriétaire du quartier de Collonge trouva, dans une urne de terre parfaitement conservée, des médaillons romains qui semblaient appartenir au troisième siècle, — et une vingtaine de pièces de monnaie frappées à l imitation ou bien en contrefaçon des monnaies romaines, et représentant quelque évènement important, peut être une victoire ou une proclamation d empereur

On sait que les léproseries étaient toujours placées à une assez grande distance du bourg, à cause de l effet contagieux du mal L emplacement de l hospice de Saint Donat n est qu'aux portes de la ville Cela ne vient il pas corroborer ma pensée qu il faut absolument qu on renonce à croire que Saint-Donat ait jamais été si important qu il l est aujourd hui ?

L ancien cimetière était placé, comme chacun sait, dans l intérieur du faubourg Saint-Pierre Presque tous nos contemporains ont assisté, il y a dix ans, à peine à la translation, dans le nouveau champ funèbre, situé à un demi kilomètre du bourg, des ossements de ceux qui nous ont précédés dans l éternité — Maintenant une fort belle place publique est ouverte là ou dormaient de leur dernier sommeil, nos aieules et nos frères, et quelques poteaux, plantés de distance en distance, remplacent la pierre tombale du riche et la simple croix de bois noir du malheureux !

Sur l'emplacement même du clos funèbre, s'élevait autrefois une église simple et modeste, dédiée à saint Pierre dont le quartier prit le nom. Ce sanctuaire, élevé par la piété des fidèles, était desservi par les prêtres du chapitre, et fut ravagé par les protestants, en 1562. — Un siècle et demi plus tard l'église était démolie. Au point de vue de l'art architectonique, cet édifice était peu remarquable. — Il était conçu, dit on, dans le style quasi oriental, et se rapprochait, par l'ornementation intérieure, de la chapelle dédiée sous le vocable de saint François.

Une grande lacune existe, comme on a pu s'en convaincre, dans cette histoire du pays. Pendant plus d'un siècle, aucun fait important n'est signalé. Calme plat, jusqu'en 1789. — L'historien prête en vain une oreille attentive, aucun bruit n'interrompt sa rêveuse pensée. — Il semble que la terre se repose de son labeur, ou qu'elle se prépare, dans le silence et la retraite, à la lutte longue et terrible, à la veille de sonner.

Mais écoutez ? — quelles sont ces chansons que pousse la foule ameutée ? — Pourquoi tous ces bruits discords de ferraille et de cornets à bouquin ? — Quelles huées ! — Quel désordre ! — La foule, ivre de joie et de vin, marche ou plutôt s'agite, et, du milieu de ce cahos bruyant, jaillissent, par moment, des plaisanteries cyniques qui soulèvent partout des rires à faire pâlir les héros d'Homère.

Au centre de cette masse compacte et turbulente, voyez ce pauvre diable monté sur le plus misérable des roussins d'Arcadie ! Un âne à l'échine maigre et osseuse et dont les côtes se dessinent misérablement, sous la peau, comme autant de cercles de vieille futaille ! On l'a placé la figure tournée du côté de la croupe de sa monture, — il en tient la queue en guise de bride, c'est lui qui est le héros de cette fête populaire en même temps qu'il en est le jouet. — Battu par sa femme, le sentiment populaire l'a livré à la risée publique, pour n'avoir pas su conserver, dans son ménage, l'autorité et l'honneur de la culotte.

De place en place, pendant un demi silence, vous pouvez distinguer ces mots *charivari* ! pour qui ? pour lui ! — Le peuple ne l'abandonnera qu'après l'avoir ainsi promené dans toutes les rues, hué, meurtri, conspué, furieux ou abattu, mais pourtant non meilleur !

Or donc, en 1703, Pierre Blanc s'ébattait ainsi sur son âne, comme un don Quichote travesti pour la plus grande gloire des époux débonnaires, et pour la plus exhilarante satisfaction du public Donatais.

Le malheureux faisait piteuse mine, sans doute, il implorait, d'une voix caverneuse et exténuée, miséricorde et repentir, mais la foule, toujou impitoyable dans ses débordements, n'en continuait pas moins son œuvre de haute moralité, et souvent, trop souvent, hélas ! des trognons de choux — appelons les choses par leur nom — des pommes cuites et autres immondices, — j'en passe et des meilleurs — venaient frapper, en bondissant, le dos de cet ange déchu « qui se souvient des cieux ! »

Après tout, Socrate n'avait-il pas été battu par Xantippe, sa femme ? et Socrate n'en est pas moins immortel ! Pierre Blanc aurait pu se consoler, dans sa détresse, d'un exemple parti de si haut. Mais l'histoire, il ne la connaissait pas !... ce que c'est pourtant que l'ignorance !

Le cortége carnavalesque s'arrêta devant la maison du condamné. — Une espèce de bûcher ayant été préparé par les soins obligeants des plus diligentes commères, Tout Saint-Donat était là, ouvrant... un œil de cyclope ? Non, pardieu ! mais l'œil de Polyphème, et battant des mains avec une incroyable justesse d'à propos.

Pierre Blanc, descendu de sa monture, fut assis sur les tréteaux, puis, dépouillé de ses habits, revêtu d'un cotillon et armé d'une quenouille. Une coiffe à longues cornettes de nuit compléta avantageusement la métamorphose, et il subit, sur la place des Terreaux, en plein soleil, la peine infligée aux maris trop complaisants ! — Une femme, qui l'aurait cru ! sa voisine la plus chère et la plus tendre, fut chargée de l'exécution. Armée d'un faisceau de verges, elle administra, avec un courage digne des plus grands éloges, une cinquantaine de coups au malheureux ! où donc ?.. ah ! je n'ose le dire, dans la crainte d'effaroucher la pudeur virginale de mes jeunes lectrices)

» Devine si tu peux, et sens le, si tu l'oses. »

Je ne pousserai pas l'indiscrétion jusqu'à livrer à l'admiration de nos petits-neveux, le nom de cette virago, entachée de stoïcisme, par respect pour l'héritière de sa gloire, jeune fille de vingt ans, assurément la plus aimable, la plus coquette et la plus finement cambrée de France et de Navarre.

Pour le patient,

» Plus honteux qu'un renard qu'une poule aurait pris »

il s'en fut méditer longuement sur l'instabilité des choses humaines, et sur l'inconvénient

» De risquer tout, et son dos et l'honneur,
» Pour forcer une femme à subir le bonheur ! »

XX

La tâche de l historien finit avec la révolution Les évènements que la chronique a enregistrés sur ses tablettes, n'offrent plus aucun intérêt D'ailleurs, ils ne datent que d hier, et le récit qui pourrait en être fait, éveillerait des susceptibilités trop légitimes pour qu'on se permette de déchirer le voile épais qui les cache à tous les yeux

Cependant, presque de nos jours, avril 1814, à cette heure suprême de la vie des peuples que, seul, Tacite pourrait reproduire et flétrir, Saint-Donat subit les horreurs d une guerre désastreuse Sa destruction fut décrétée Un arrêté, pris par le général en chef de l armée autrichienne, ordonnait que ce bourg serait réduit en cendres

Le maréchal Augereau, soldat de fortune et de trahison, venait de recevoir le commandement de l armée de l Est, réunie à Lyon Avec les forces militaires dont il disposait, il aurait pu repousser les alliés qui pénétrèrent en France par la Suisse et la Bourgogne il n en fit rien Il assista, tranquille et l arme au bras, à l envahissement de sa patrie par les hordes étrangères Caserné dans Lyon, il attendit les évènements de Paris, et, lorsqu il les connut, il fit contre Napoléon, son maître et son bienfaiteur, une proclamation violente où il disait que l empereur, après avoir sacrifié des milliers d hommes, n'avait pas eu le courage de mourir en soldat Ce jour-là, l honneur d Augereau coula par tous ses pores, et, pourtant, Louis XVIII osa le faire entrer à la chambre des Pairs, comme si le héros de Lodi et d Arcole, traître à son pays et à son empereur, avait mérité une semblable récompense !

Je ne rappellerai pas les incidents dramatiques qui se déroulèrent sur les destinées de mon pays, du 26 mars au 24 avril 1814 — M Sablière Deshayes, ancien notaire, a publié un précis de ces évènements auquel je renvoie le lecteur qui voudra connaître l historique des faits dont il s'agit

Je dirai seulement que Saint Donat, livré au pillage, eut à subir les conséquences funestes d un moment d erreur et de patriotique abnégation Plus de 30 maisons saccagées, plus de 60,000 francs de dommages, indépendamment de la nourriture de 4,000 hom

mes et de plus de 200 chevaux, pendant un mois entier, des
citoyens en butte aux ontrages d une soldatesque effrénée telles
furent les suites déplorables du passage de la garnison ennemie
jusqu au moment où les Bourbons s assirent de nouveau sur ce
vieux trône miné depuis des siècles, par les fautes et les excès
même de la monarchie !

Il me resterait certainement quelque chose à dire sur le
a alecte répandu parmi la population agricole et la classe ou
vrière, en un mot sur le patois de Saint-Donat

On a souvent cité cette parole de Charles Nodier « Si
les patois n existaient plus, il faudrait une Académie tout exprès
pour les retrouver Et aujourd hui que la facilité des commu
nications, le contact de la classe agricole avec les citadins, tous
les plus puissants véhicules du progrès mis à la portée de tout
le monde, tendent à modifier sinon à extirper entièrement ces
dialectes appropriés au génie de chaque peuple, ne serait il pas
sans intérêt de consacrer quelques lignes dans une notice pure
ment locale, à l étude de ces idiômes qui ne sont pas sans beauté
d un cachet original

Mais la chose est difficile

« Le patois, dit l auteur de la statistique de la Drôme, a
ses difficultés et ses beautés La prononciation lui donne un
caractère particulier, mais elle ne saurait s écrire, et l orthogra-
phe, même avec le secours des accents, ne l a fait connaître
qu imparfaitement Elle varie, non seulement d un canton
à un autre mais quelquefois d un village au hameau voisin »

Grand nombre de beaux esprits se sont occupés, à divers
intervalles, de l étude du patois, et quelques uns de nos roman
ciers et dramaturges modernes n ont pas craint de mêler dans
leurs livres des pages entières écrites dans le presque idiôme du
pays natal

Jasmin n a t il pas été couronné par l Académie française
— bien que celle ci en marâtre plutôt qu en mère, l ait
salué comme Platon couronnait les poètes dans sa Répu
blique ?

M Jules Olivier a publié un essai sur l origine et la fondation
des dialectes vulgaires du Dauphiné — Que pourrais je dire
après lui ?

Rien certainement qu il n ait dit déjà

Aussi, je me borne à écrire, sans commentaires, une
pièce de vers dans le dialecte local, comme spécimen qui
servira peut-être, un jour, de divertissement aux Saumaises
futurs.

Le patois a une naïveté malicieuse, une simplicité monta-
gnarde, une expression pittoresque, mais il manque totalement

dé térmes pour exprimer les grandes pensées et les idées
abstraites

Si donc quelques uns de mes lecteurs se plaisent à rire en
lisant mes vers, je leur dirai comme dans Mòlière

« Mon Dieu ! je n'avons pas étugué comme vous
« Et je parlons tout diet comme on parle cheux nous ! »

L'ÉFANT E LU PAPILION

Pétit couquin dé papillon,
Qué voulé sus la marguérite
Et la vioulété dou sillon,
Te prendrai proun !   voulé moins vite !

Ainsi parlave, dins in pra,
In efant jouli coume in angé,
In poursuivant, bounheur étrangé,
L'insecte voulant dins lu prä,
De millé coulèurs bigarra ! ,
Pourtant lu manqûave   et la bise
Que bouffave dins sa chemise,
L'y fasie perdré son chemin !

Te prendrai proun, pétit couquin !

Amfin, lu papillon s'arreste
Sus in bouton d'òi printanié,
Et lu bel angé, per dârnié,
I'u fais présonnié d'in pié lesté !
Alòrs, vite à son pavillon,
Lu porte, in chantant, à sa mèré
Et sa sœur et son jouène frèré,
Vènant véré lu papillon !

« Oh ! quoul ès beau ! quoul ès brillant ! »
Et dins sa man vite ou regardé !
In liou disant « prenès bién gardé,
« Car per voular oul ès vaillant ! »

Mais plus rien dédin sa manete,
Que poudre d'òr, — alors, còurant,
Lu poure éfant s'in fut, plourant,
Sé cáchar dins sa cabahete

Qu'in bòn exemplé per lous grands !

Je fus extrêmement surpris, dans un voyage que je fis, il y a
bientôt six mois, aux environs de Chambéry et d'Aix-les-Bains,
de la ressemblance parfaite qui existe entre le patois dés pays

Sardes et celui de Saint-Donat — Prononciation, euphonie, composition des brèves et des longues; tout est de même Pas la moindre nuance, à tel point que, passant en bateau le beau lac du Bourget, et entendant nos bateliers chanter, au bruit cadencé de leurs rames, une romance du pays, dans le dialecte populaire, je me crus transporté sur les bords de l Herbasse, au milieu de mes concitoyens Il est littéralement impossible de rendre l effet que produisit sur mes amis et sur moi ce chant monotone comme la vague qui nous berçait Le timbre des nautonniers, voilé d abord, s éclaircit peu à peu, et monta ensuite jusqu au diapason le plus puissant Rien de charmant et de poétique comme ce concert de voix mâles et sonores, mêlant au bruit des flots leurs sons harmonieux, tandis que notre nacelle, poussée par la brise, fuyait loin du bord, encore tout imprégnée des senteurs du rivage

Nos bons aïeux, qui ne craignaient pas d appeler les choses par leurs noms, parce que rien avec eux ne tirait à conséquence, avaient donné à ce charmant petit ruisseau qui coule à l entrée de Saint Donat, un nom bien peu mélodieux Il rappelle pourtant les bords fleuris du Thermodon, ce mince filet d eau qui fuit, limpide et pur, sur la molle arène, et le baptiser d une appellation si peu poétique, *le Merdaret*, fi donc ! N est-ce pas abuser des figures allégoriques et compromettre l honorabilité des lavandières ?

J ai voulu réhabiliter le Céphise de mon pays, dans l intérêt des personnes dont le nerf olfactif est par trop irritable, et j espère avoir réussi

L année 1856 n ayant pas eu toujours le monopole des inondations, il arriva que le fléau de Dieu, ainsi que le nomment les casuistes, s abattit sur Saint Donat La trombe marine ravagea les campagnes, renversa les chaumières, en un mot, changea en un lac immense la plaine sablonneuse qui s étend de Saint Donat à Rattières, et au milieu de laquelle le Merdaret prend sa source Par un effet singulier que la science hydraulique n a point encore expliqué — mais je lui soumets le cas — où peut-être à cause des troncs d arbres déracinés qui vinrent échouer dans un même lieu, l eau, arrêtée dans son écoulement naturel, s étendit au loin dans la campagne et forma comme une vaste mer à laquelle il ne manqua, pour compléter l illusion, qu une escadrille et des baleines

Dès lors, l attention *des savants* de la localité fut dirigée sur ce point, et, après de mûres réflexions et beaucoup de contro verses, on appela *mer-d arret*, cette grande étendue *d eau douce*, arrêtée, dans sa fuite, par l amoncellement des arbres déracinés

Plus tard, sans doute, un malin qui avait quelques prétentions à l'esprit, imagina un calembourg, et la *mer-d'azi éz*, ne signifia plus qu'un lieu devenu l'égout des eaux sales et infectes de la ville.

Nonchalamment assis aux pieds de deux collines, dans l'agréable et fertile vallée que l'Herbasse arrose de ses eaux, Saint-Donat apparaît au voyageur qui l'apperçoit pour la première fois, du versant des montagnes, comme un seigneur mutin qui ne veut que le repos, ou comme le moissonneur qui s'endort sur sa faucille, à la chute du jour.

Il semble, en effet, que nul bruit n'interrompe la monotonie désespérante d'un silence presque éternel, jusqu'à l'heure où des centaines d'ouvriers et d'ouvrières s'éparpillent, en tous sens, comme de vigilantes abeilles à l'entour de leur ruche.

Alors Saint-Donat révêt le caractère animé des places de nos villes. L'activité industrielle rend, pour quelques instants, la vie au paisible village, et la présence de ces nombreux et infatigables travailleurs, allant et venant, toujours empressés, comme s'ils comptaient avec le temps qui fuit, lui donne l'aspect bruyant de la cité ouvrière.

Le territoire présente une culture riche et variée, — il est arrosé de l'orient à l'occident par la rivière d'Herbasse, aux ondoyants contours, et, du nord au midi, par un mince filet d'eau qui vient y déverser ses eaux non loin du bourg

La fertilité du sol, la salubrité et le voisinage des eaux utiles pour les usines, ont, de tout temps, attiré des habitants.

Ses productions principales sont le vin et la soie — La culture de la garance y est introduite depuis plusieurs années, et déjà cette plante s'y fait remarquer par la force de sa végétation

Plusieurs établissements dirigés avec un succès remarquable, et où l'on donne à la soie toute la préparation dont elle est susceptible, depuis la feuille du mûrier et le cocon, jusques et compris le tissage, doivent être classés au nombre des plus importants et des mieux entendus non seulement du département, mais de nos provinces méridionales, déjà si riches en établissements de ce genre. On admire surtout les magnifiques et récentes constructions de MM. Chartron, père et fils, connus par les mentions honorables que ces messieurs ont obtenues à nos diverses expositions

Saint-Donat, bâti comme en amphithéâtre sur un mi-côteau adossé à l'antique prieuré, possède quelques belles places, des rues propres, mais trop étroites et légèrement tortueuses. De gracieuses maisons ornent l'entrée du bourg, à l'est, et préviennent l'étranger en sa faveur.

On sait que le département de la Drôme fournit des truffes qui le disputent, par la saveur, à celles du Périgord On en trouve à Saint Donat et dans les environs d excellentes et dignes de figurer sur les tables somptueuses, comme autrefois les levrauts de Saint Donat,

> « Bardés d un titre noble
> » Avaient l insigne honneur de rôt r à Grenoble »

Je note, bien entendu, ce genre de production, à côté des productions secondaires, et je les cite pour mémoire à l adresse des conseillers du noble Parlement qui, peu d accord en cela avec les Orientaux, prisaient fort, à ce qu il paraît, les levrauts de Saint Donat, car ils avaient par reconnaissance, adopté la devise des Grecs et des Romains, répétée par Martial

> « Inter quadrupedes gloria prima lepus »

Saint-Donat a une superficie d environ 1952 hectares — Le revenu de ses propriétés est de plus de 12ɔ,000 francs soit 55 francs de revenu moyen par hectare — La contribution moyenne est d à peu près 3 fr 91 c

La population, qui n était en 1835 que de 2,084 habitants, s élève aujourd hui à 2,395 480 maisons particulières et 10 maisons ou édifices publics sont dispersés sur son territoire ou composent l agglomération La superficie se divise ainsi 546 hectares en bois particuliers ou bois communaux , 1173 en terres labourables, jardins, etc , 98 en prairies, 2 en pâturages, 14 en routes et chemins vicinaux, canaux et rivières, 1 seulement en terres incultes Quelques foires importantes et la création nouvelle de marchés qui se tiennent provisoirement le troisième lundi de chaque mois, ajoutent à ce mouvement qui caractérise le commerce et l industrie

Son niveau est de 207 mètres au dessus du niveau de la mer

Saint-Donat est très riche en coquilles fossiles ; — coquilles en forme b hétide, coquilles orbiculaires luisantes, du genre hélix ; orbiculaires globuleuses, striées longitudinalement ou à forme discoïde, etc., etc. Aidé du traité élémentaire de conchyologie de Deshayes et des belles publications iconographique et descriptives de M Kiéner, j ai cru reconnaître, en les recueillant, les restes d un grand nombre d animaux mous, observés par Pline et Aristote J ai même possédé, pendant quelque temps, un os incisif découvert, il y a peu d années, dans les lieux humides de Collonge ou de la *Fond Gargotte*, ayant toute l apparence d une grosse molaire de mastodonte — Les

collines étaient formées de deux pointes obtuses ou pyramides
réunies, dont la coupe ou l'usure représentait un losange à la
pointe externe, et un quadrilatère à la pointe interne. Cet os
paraissait teint ou pénétré de substances ferrugineuses. Ces animaux, complètement perdus depuis le déluge, ont habité toutes
les parties du globe, et les debris en sont d'autant recherchés
qu'ils sont aujourd'hui très-rares. — Mr Bodin m'a assuré avoir
recueilli, lui même, à Crépol, les ossements d'un de ces sque-
lettes à l'état de fossiles. — mais comme ces restes ainsi conservés dans le sein de la terre, sont pour moi comme autant de
hiéroglyphes, je les adresse à quelque nouveau Cuvier en me
hâtant de terminer.

Il antique Joyuzieu n'éveille pas les souvenirs les plus sombres
bres de la féodalité. — Il n'a pas à maudire ces seigneurs dont
les ombres plaintives, errantes sur des débris, ne descendent
sur la terre que pour implorer un pardon.

En parcourant son histoire on aime a se reposer sur des
images plus gracieuses. — Les habitants, d'un caractère doux et
facile, ont vu les révolutions se succéder et s'anéantir sans
prendre aucune part à ces luttes fratricides qui ont déchiré le
sein de la mère patrie. Heureux et contents de peu, *fortu-
natus et ille deos qui novit agrestes* ils travaillent et meurent
en réalisant cette pensée de Lafontaine.

Leur fin est le soir d'un beau jour!

Pour jouir d'un admirable point de vue, il faut se placer, un
jour de printemps, sur la terrasse du presbytère. — De là, le
regard plonge loin, bien loin, dans la vallée et va se perdre
dans les montagnes rocheuses de l'Ardèche. — Les crêtes alpestres
de ces monts découpent le ciel bleu, comme la flèche élancée
d'une cathédrale gothique. À vos pieds, une riche guirlande de
fleurs, émail de nos prairies qu'encadre un rideau de verdure,
se balance amoureusement au souffle de la brise comme une
ceinture de jeune fiancée, et si le son vient de l'église, vous
sortez quand la voix argentine de l'Angelus porte aux échos
d'alentour l'heure de la prière et le signal du repos, allez contempler, en respirant l'air embaumé du val, le tableau gracieux qui
se déroule sans cesse à vos yeux, comme à travers un kaléidos-
cope splendide. — La nuit tombe et avec elle le silence. — Le
vent s'engouffre avec bruit dans les crevasses du château, mais,
au bas, dans la plaine, ce vent, changé en zephyr parle de si
voix la plus tendre, aux marguerites des prés et aux peupliers du
ruisseau. — De loin en loin, quelque troupeau rentre à l'étable,
sous l'œil du gardien, — et le pas des faucheurs et des faucheuses,
— que toujours la chanson accompagne, — frappe seul, en
cadence, les sentiers pierreux du côteau.

8

lits de sous l'hirondelle voyageuse gazouille sa romance, et, pauvre douce petite créature, venue d'au delà des mers, elle bénit sans doute dans son langage, celui qui lui a rendu l'amour de sa couvée

Puis au fond du tableau, l'Herbasse blanchit, de ses reflets argentés, la teinte verte et sombre de la pelouse et des bouleaux, — et les mille voix de la création commencent alors ce concert mélodieux qui monte jusqu'à l'Eternel, comme un cantique d'actions de grâce

Un charme indéfinissable, une ravissante poésie, une douce et mélancolique ivresse planent alors sur ce panorama, et l'artiste et l'artisan, le voyageur, l'homme pieux, le vieux prêtre et la jeune fille, celui qui pleure et celui qui sourit, chacun poète à sa manière, savourent avec bonheur toutes ces voluptés de la terre que Dieu a semées sur notre route, comme un avant-goût des célestes béatitudes !

Léon GONTIER